This book belongs to:

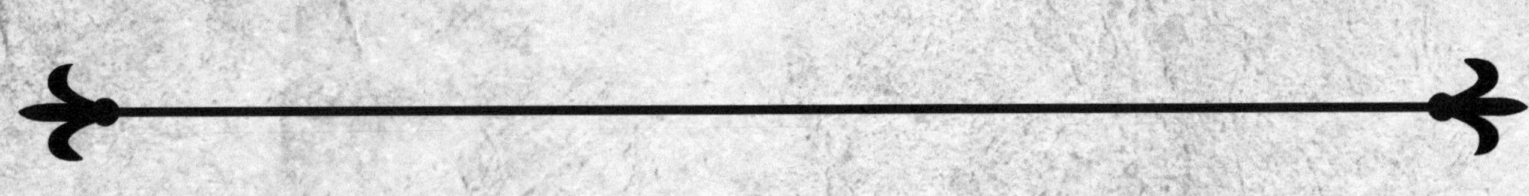

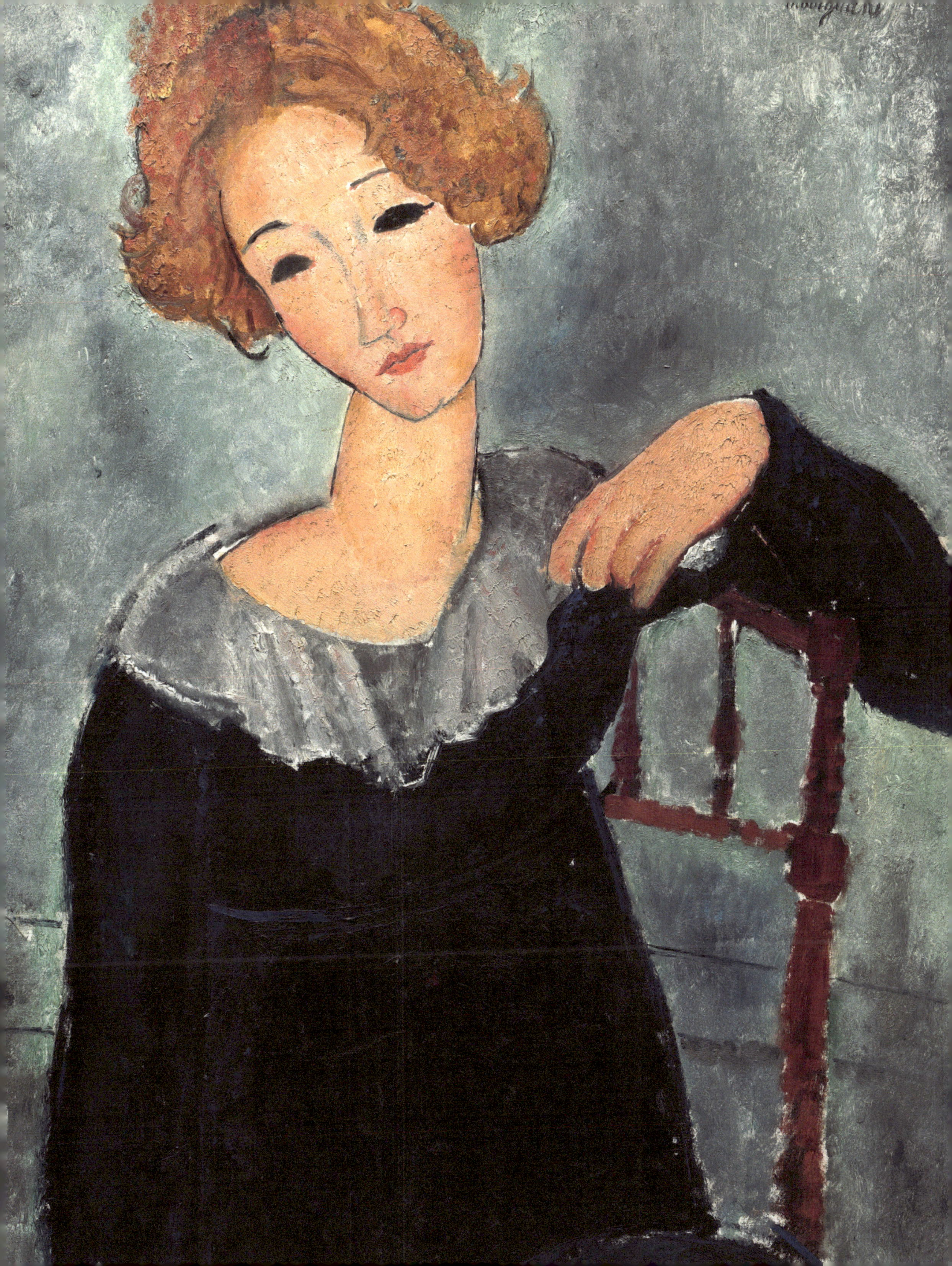

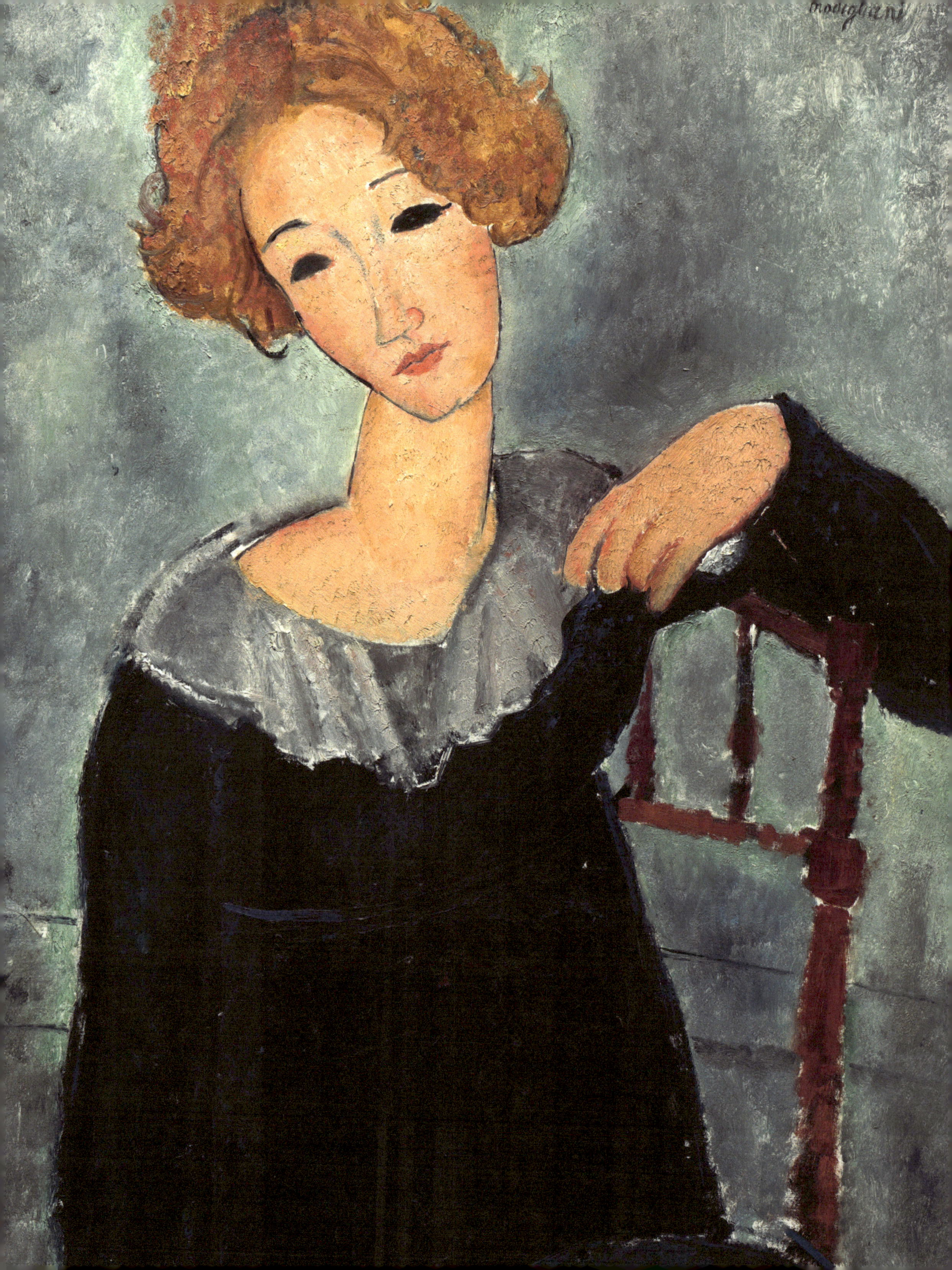

modigliani

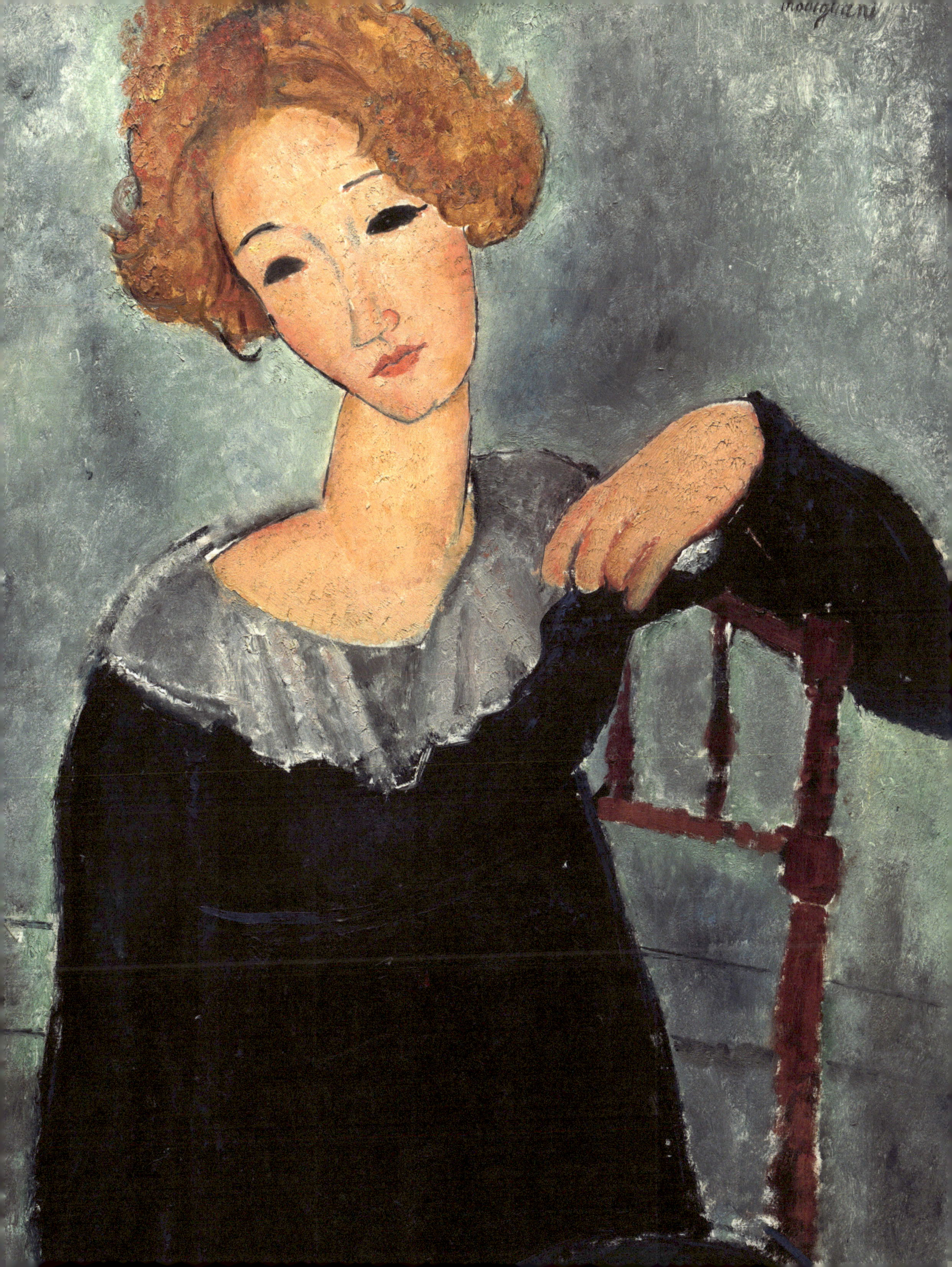

modigliani

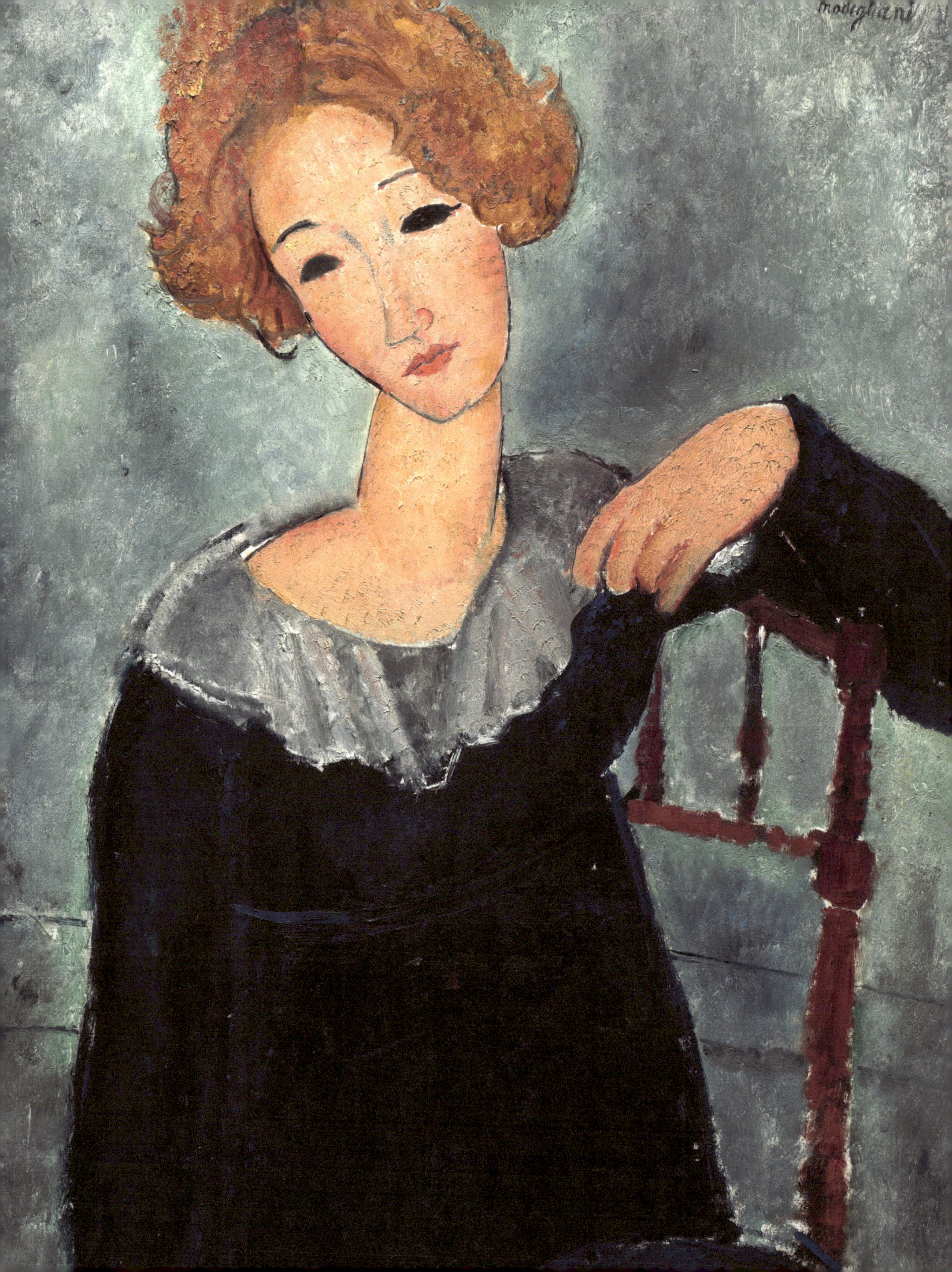

modigliani

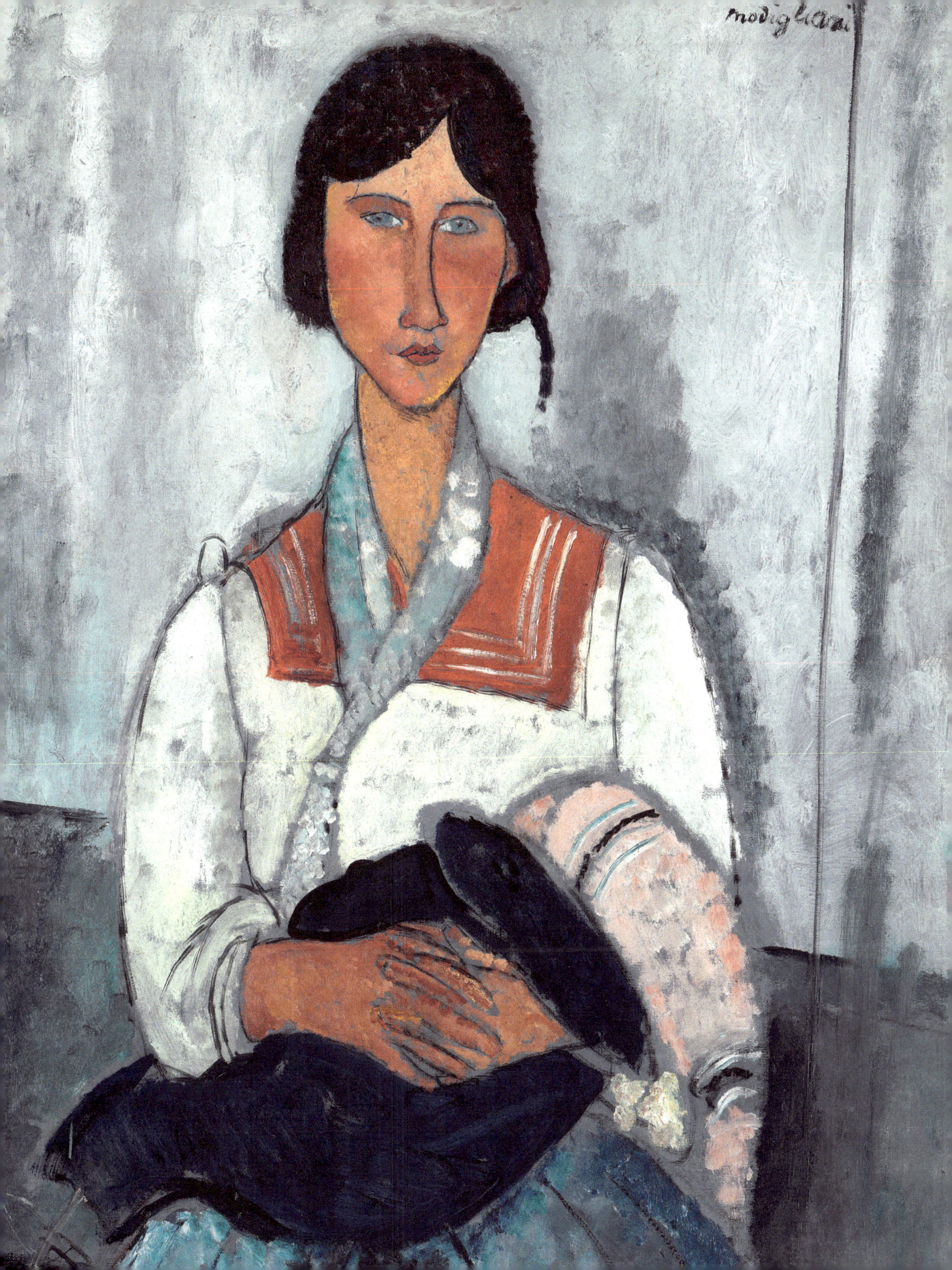

modigliani

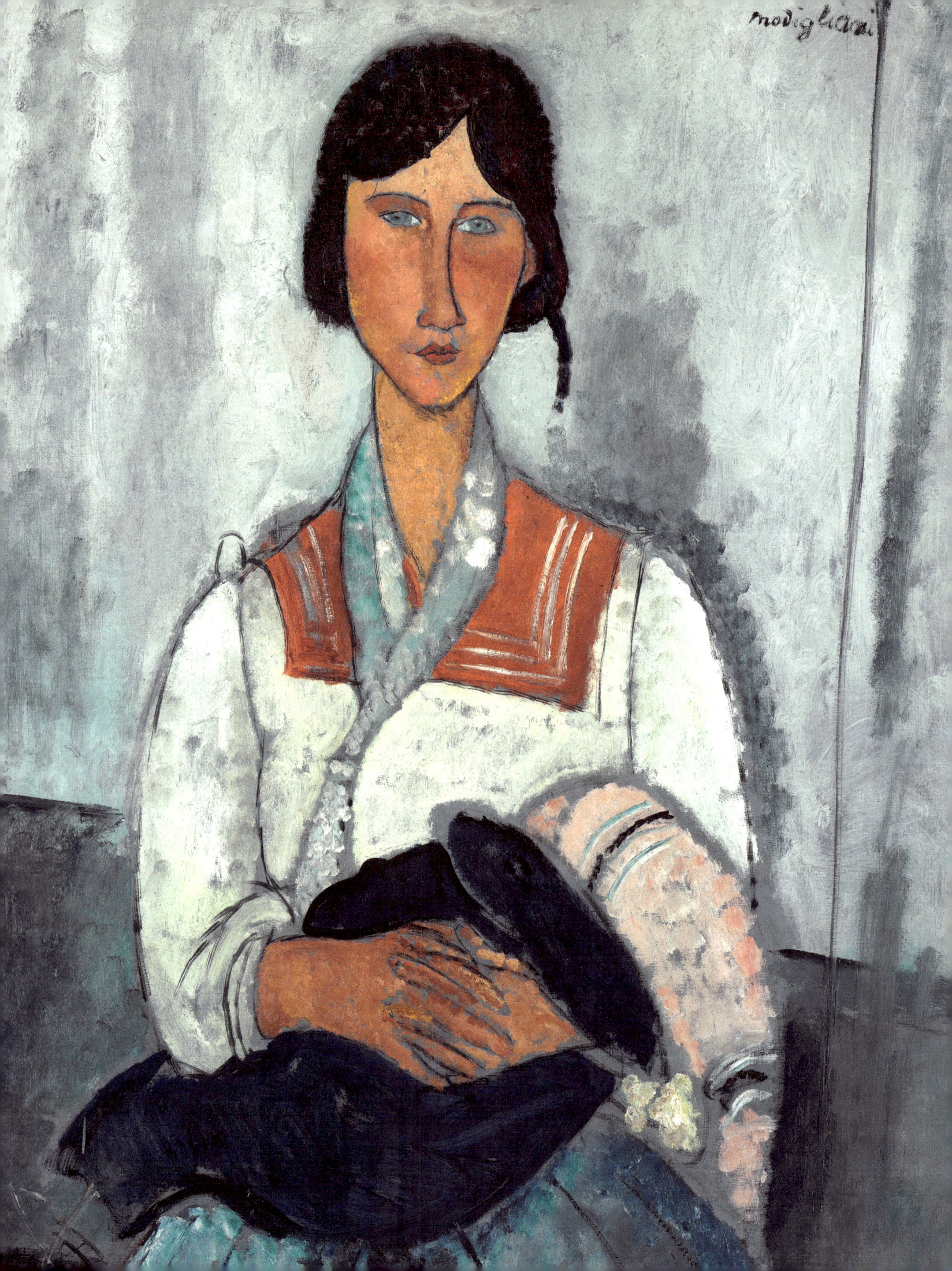
modigliani

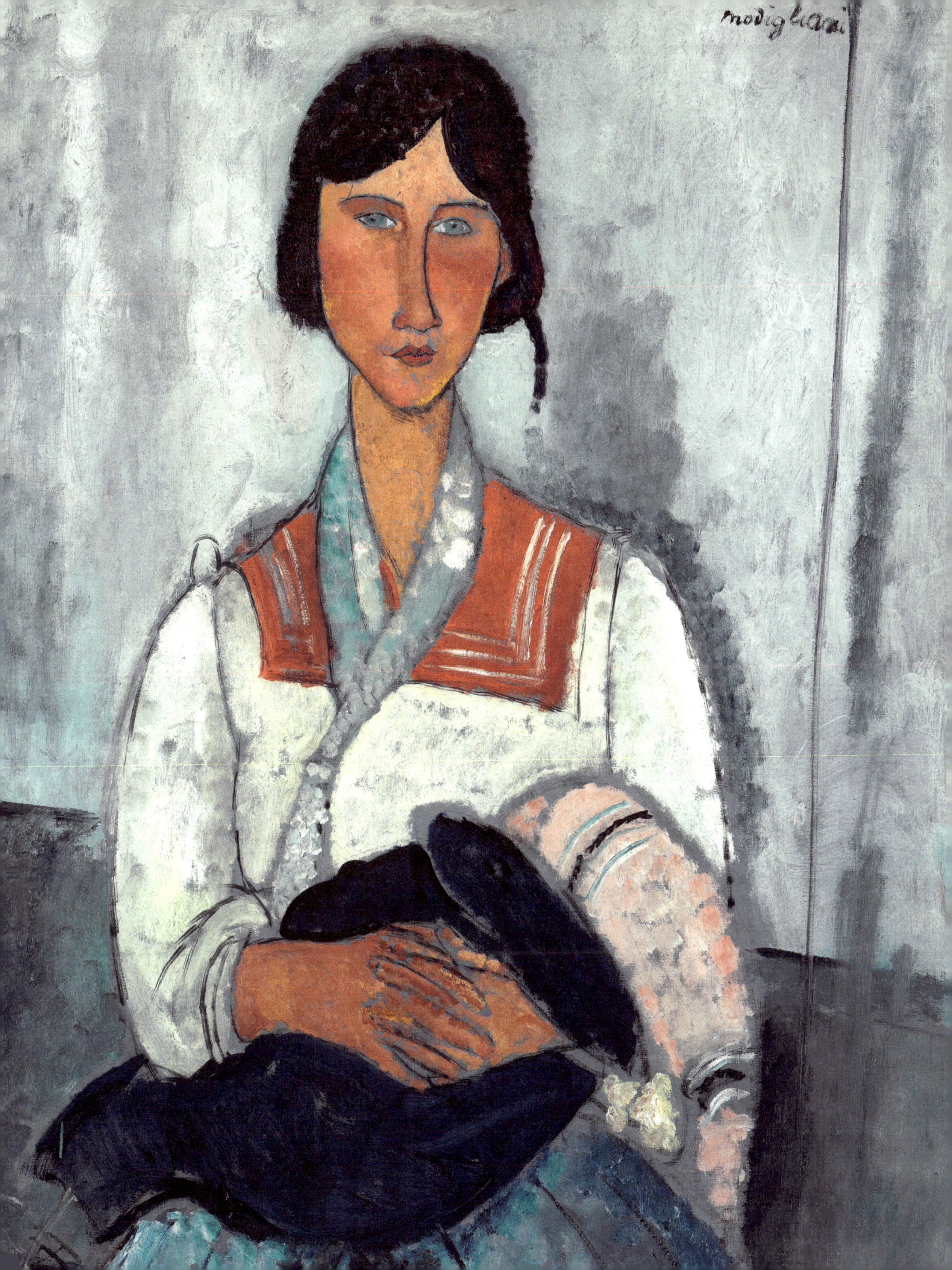

modigliani

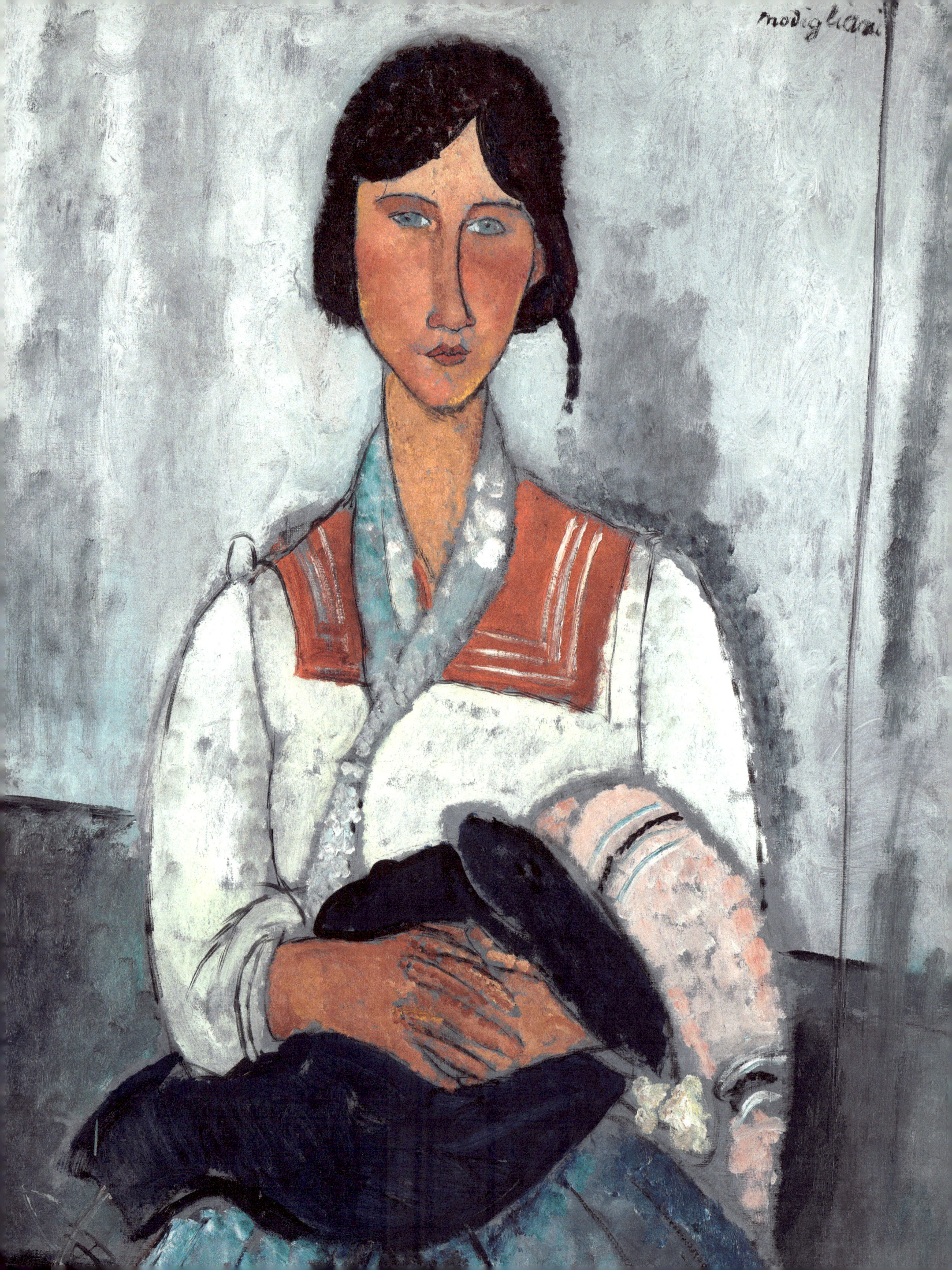
modigliani

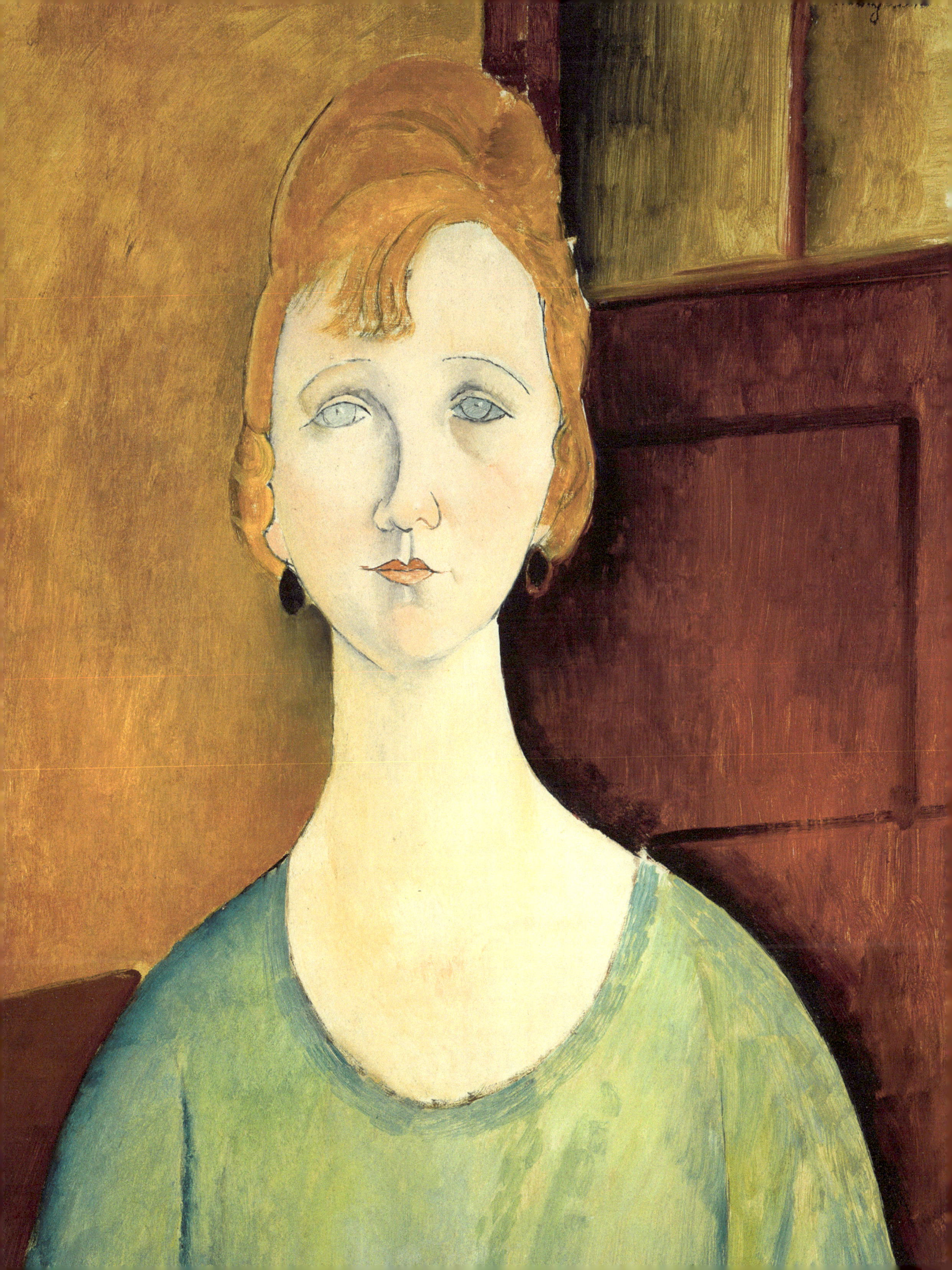

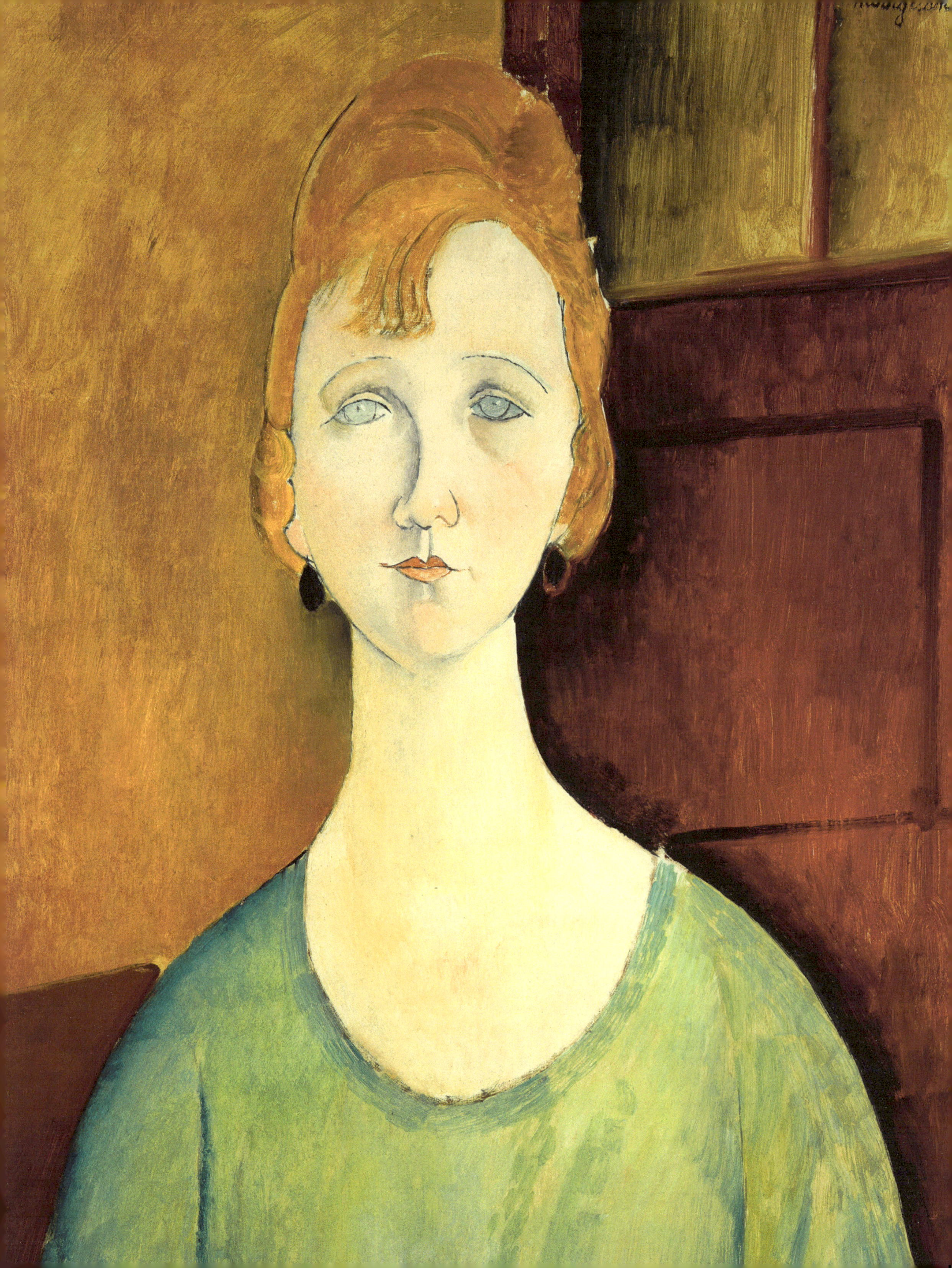

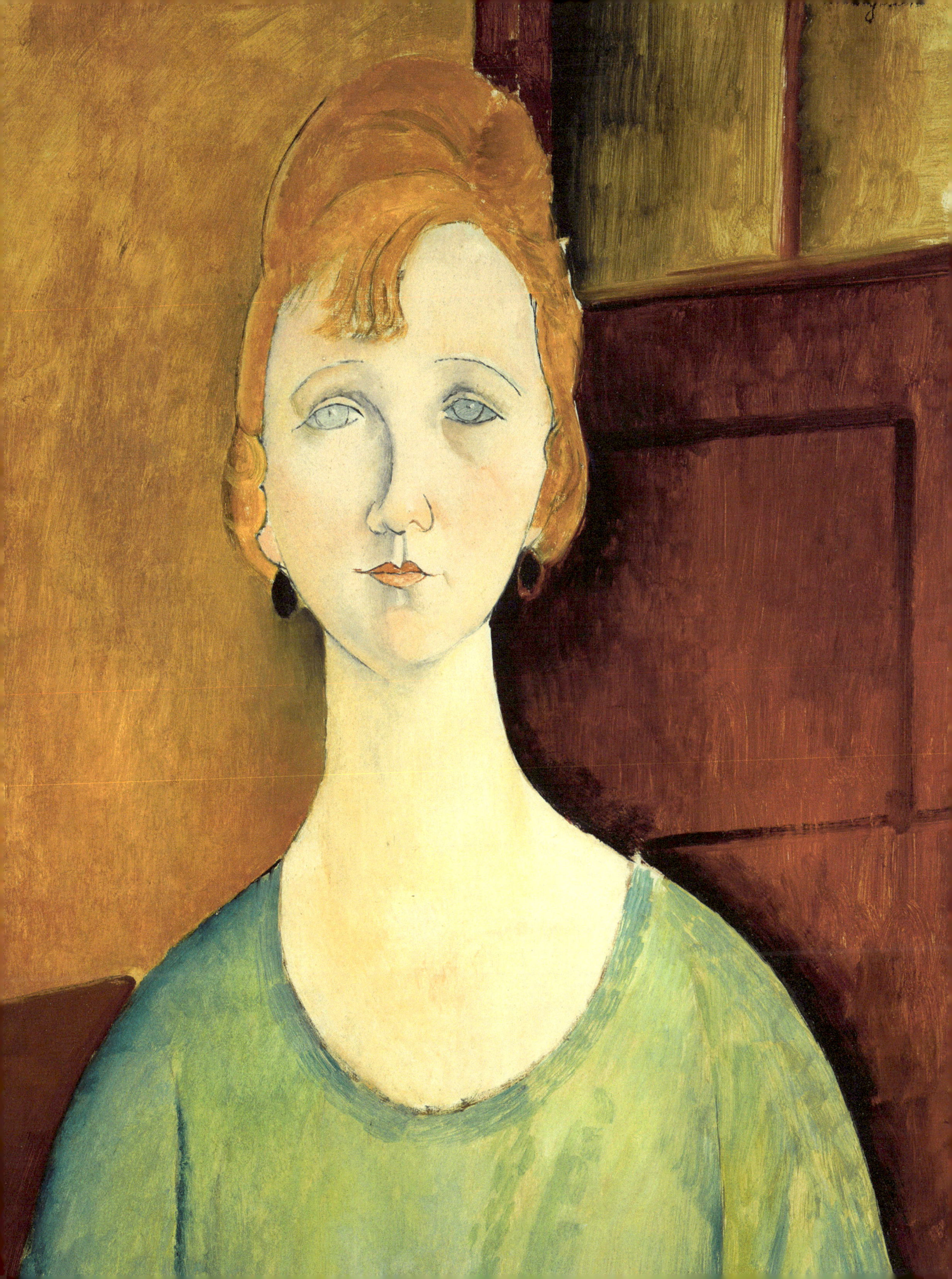

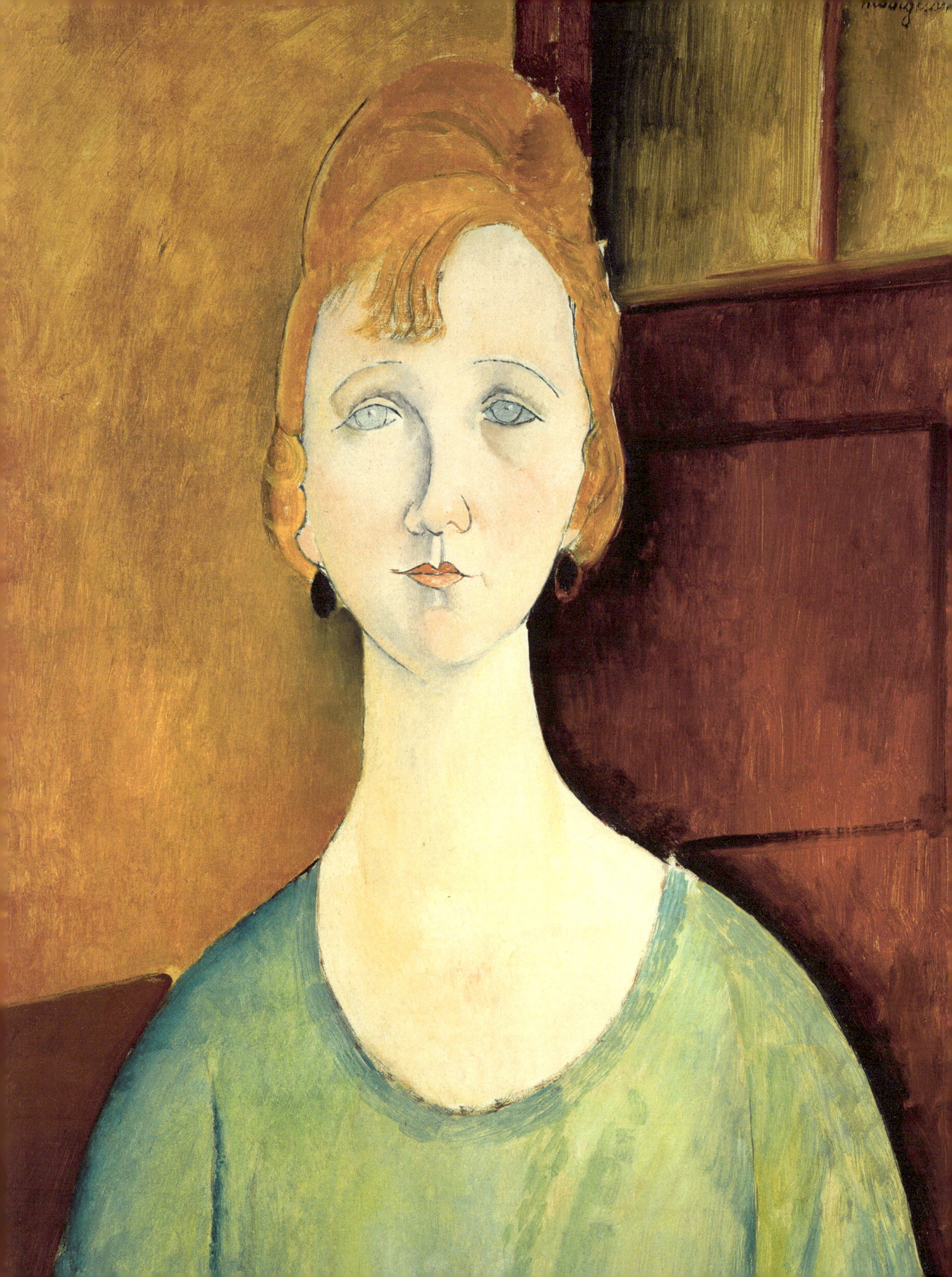

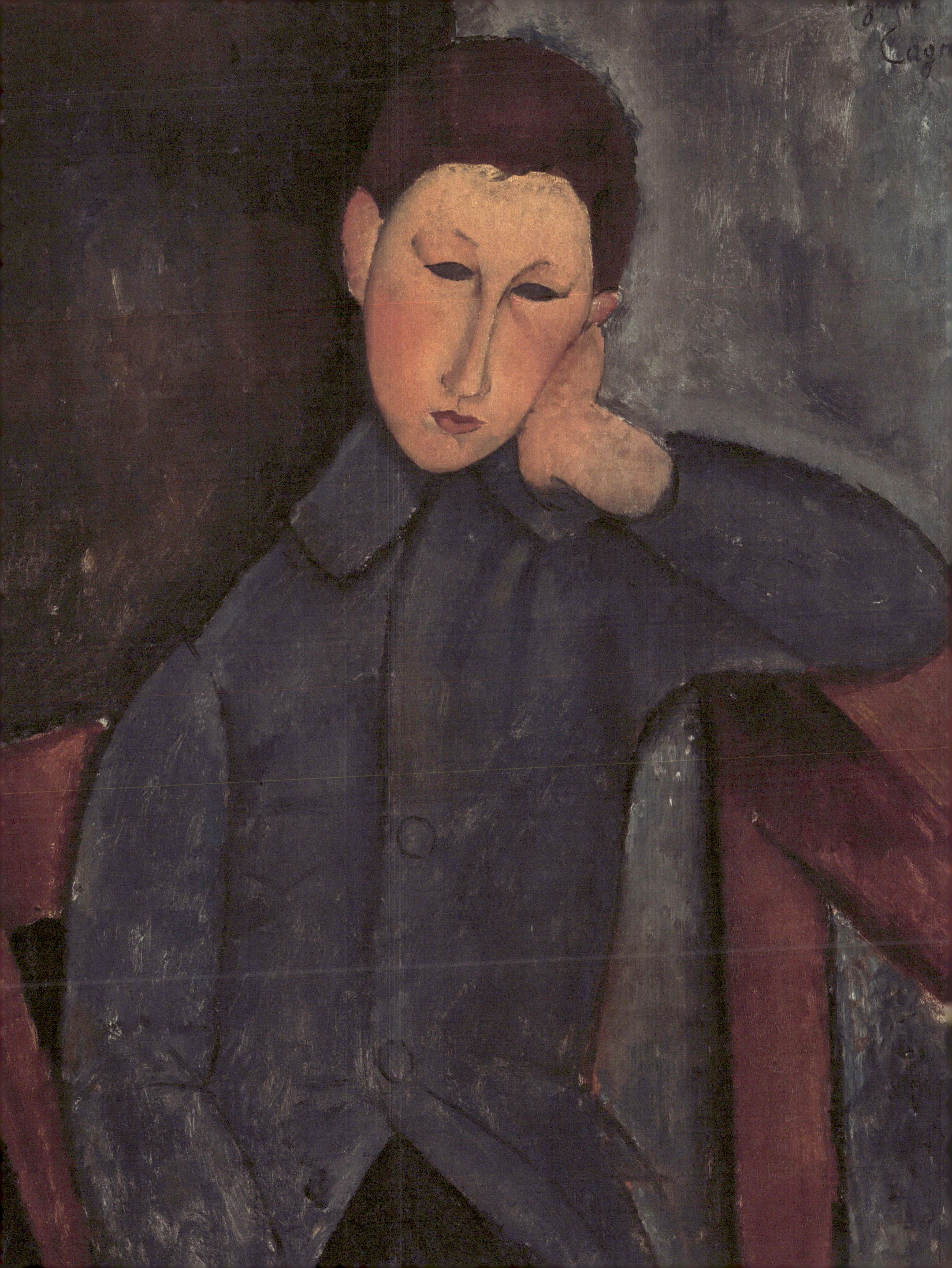
Cagn

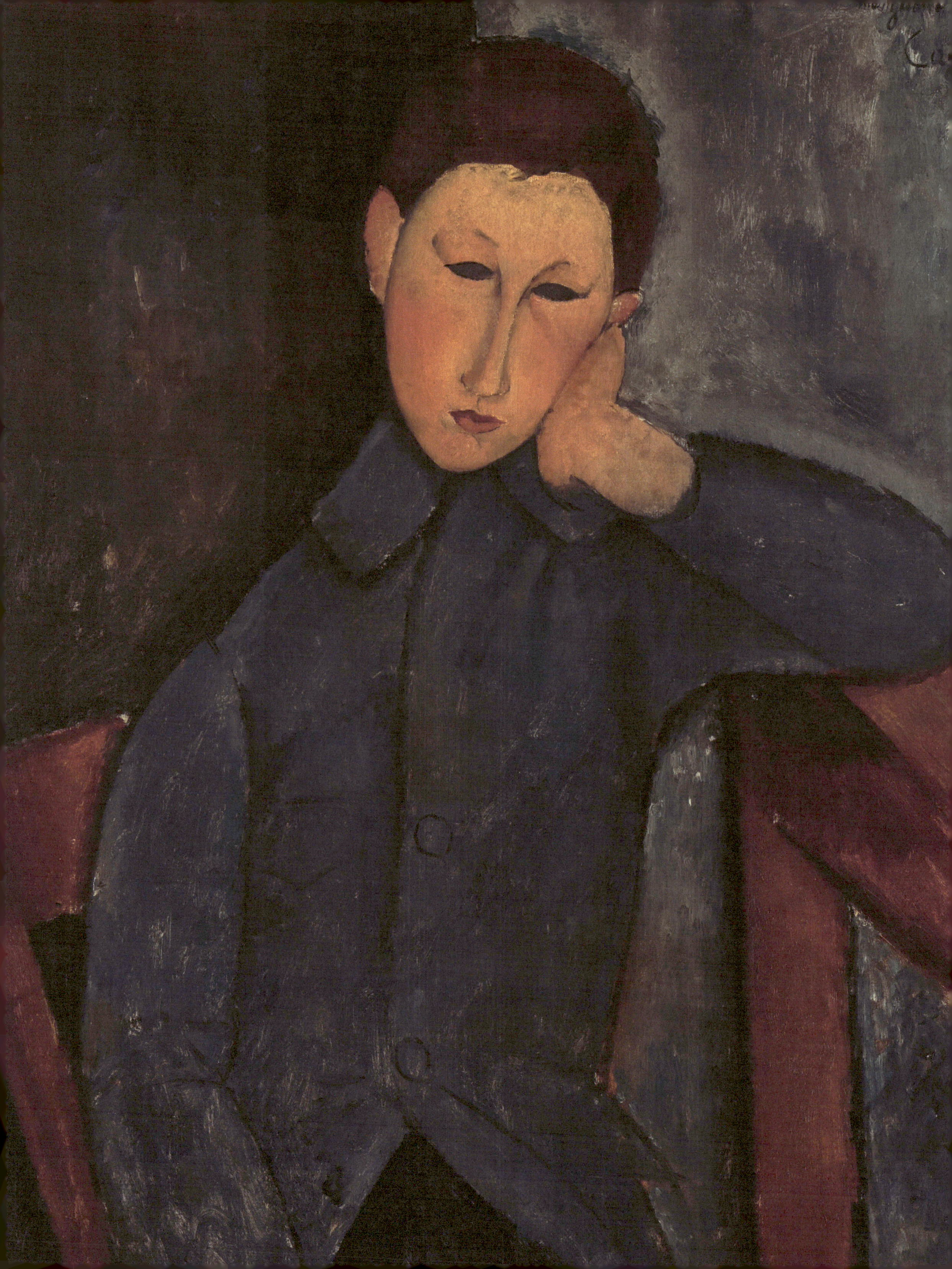

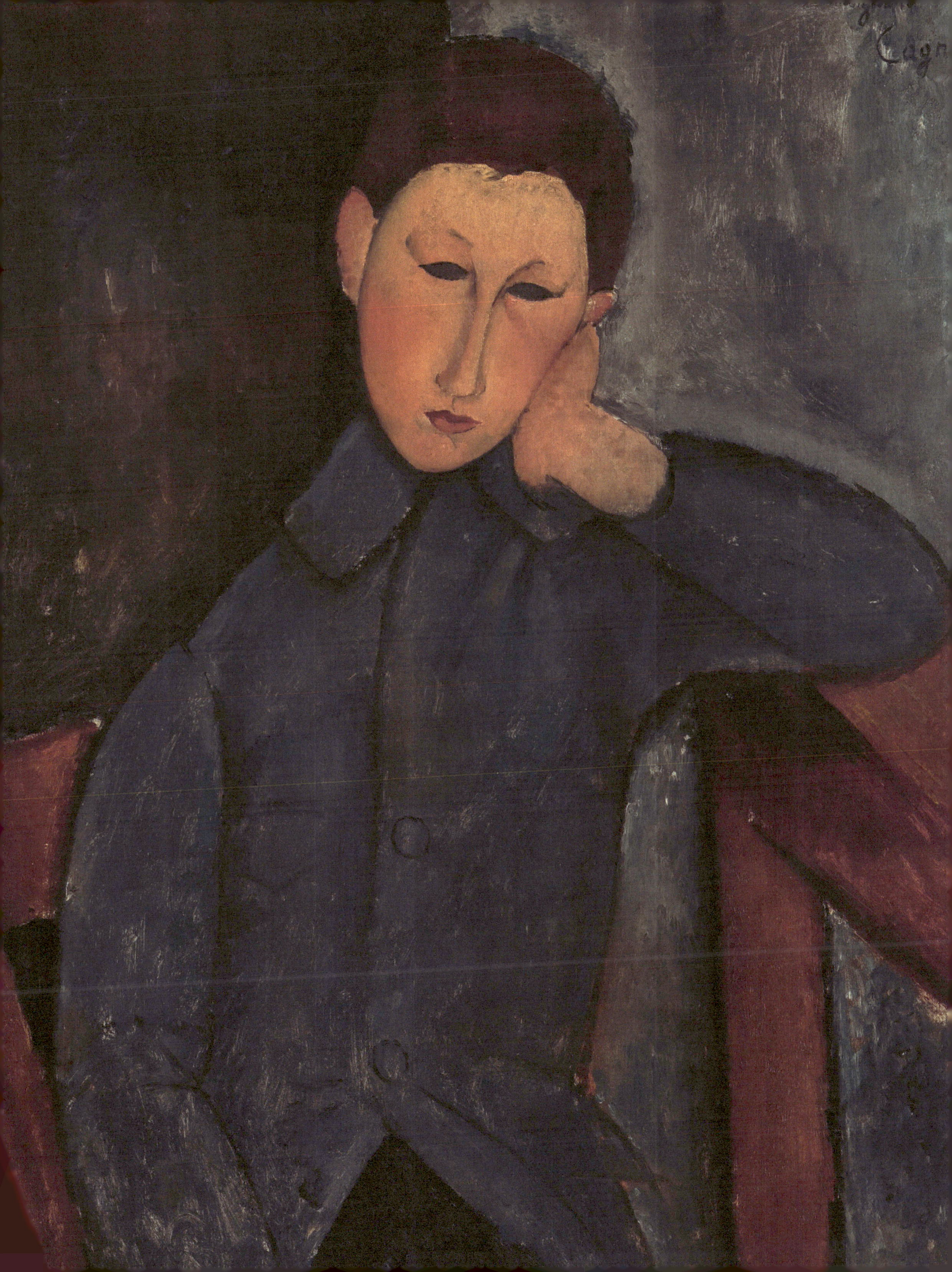
Cagn

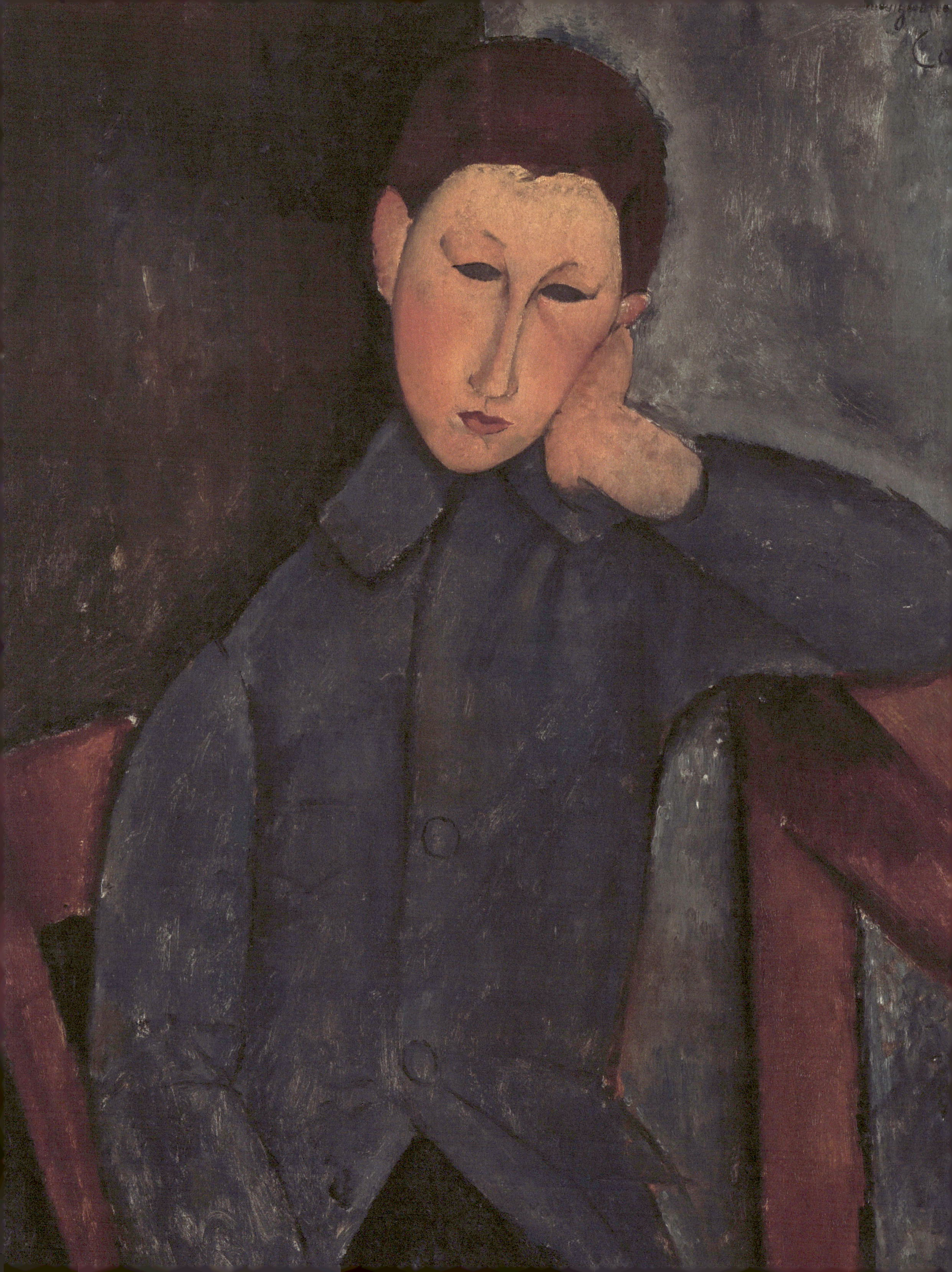

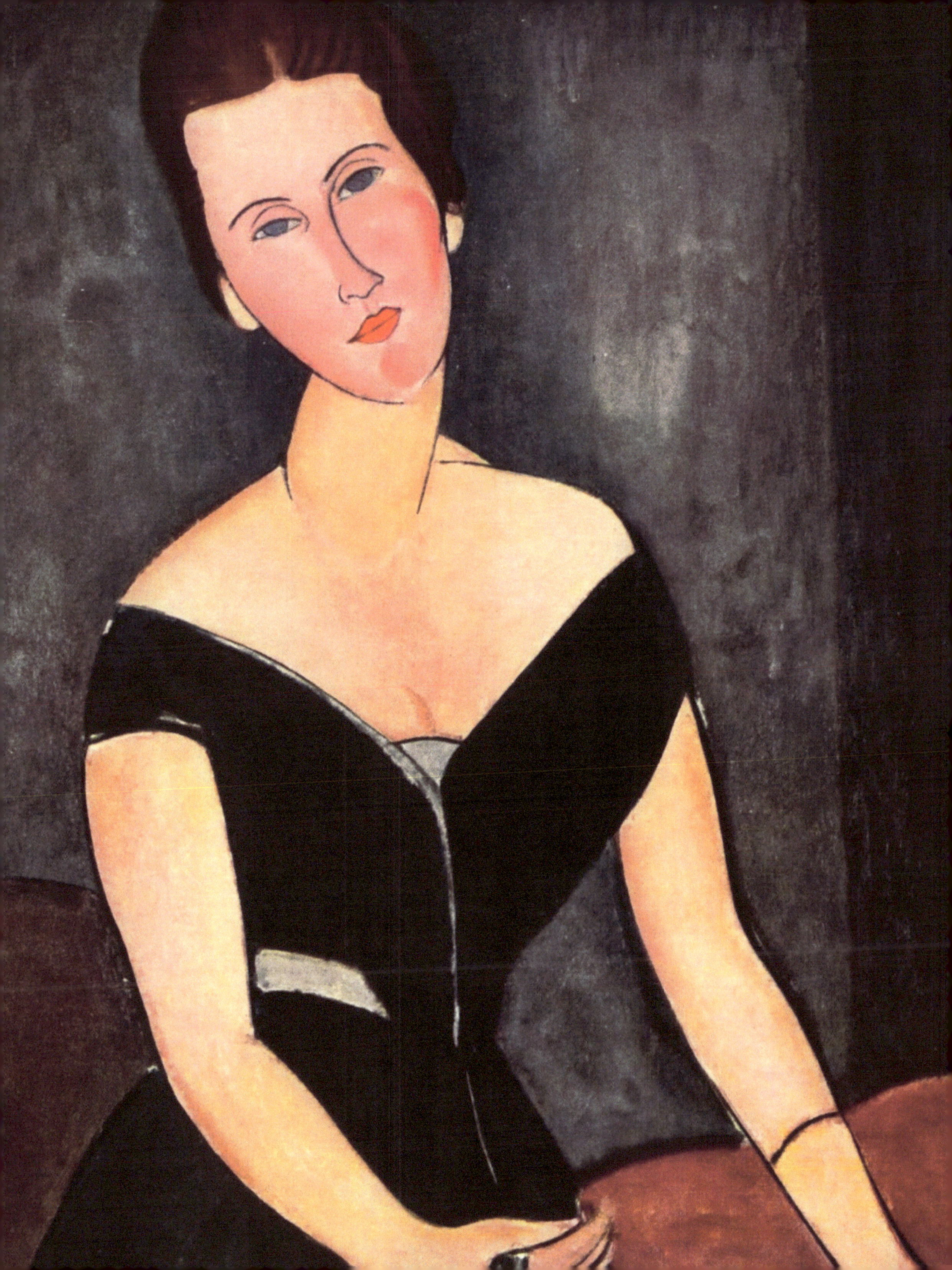

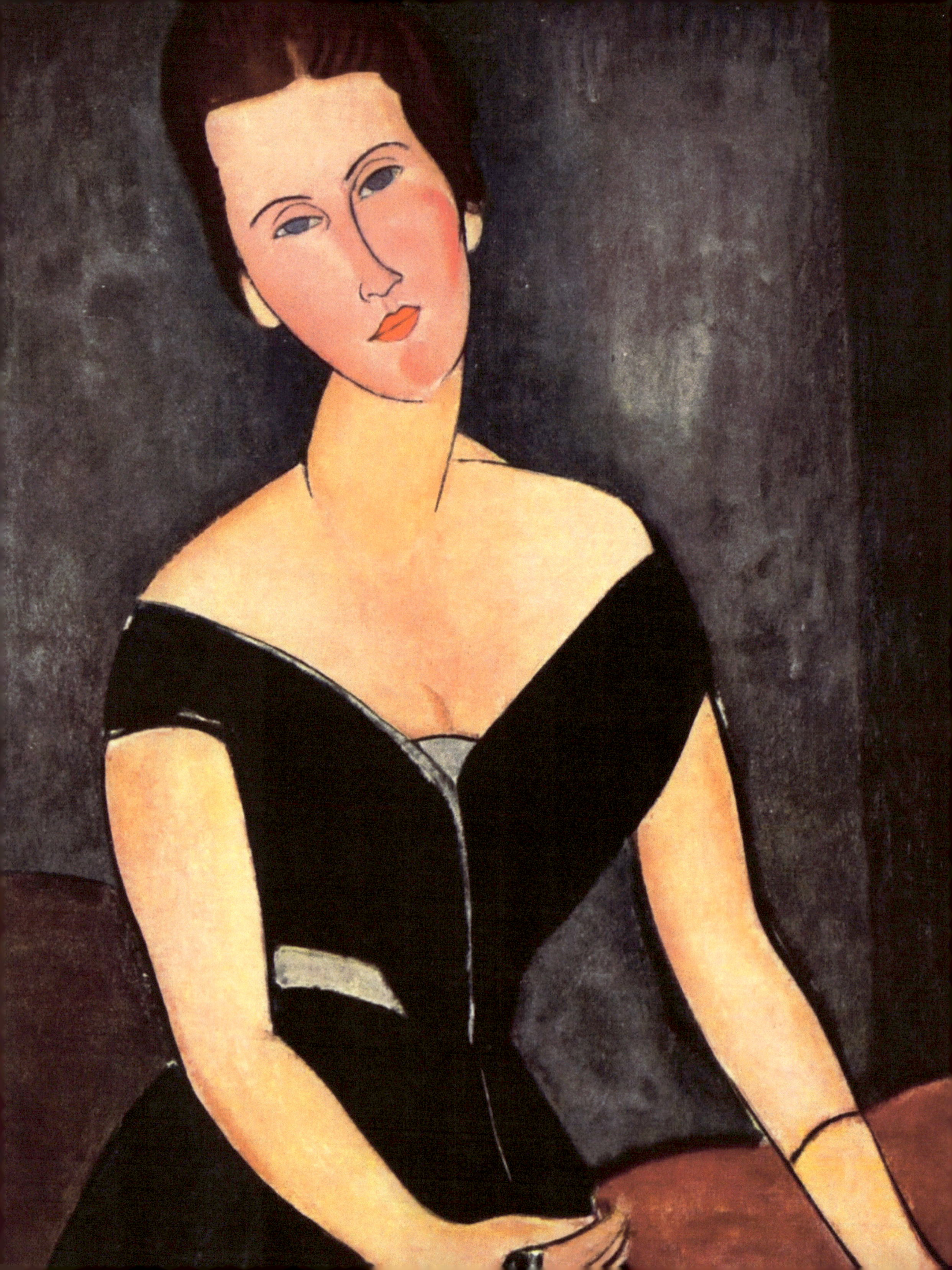

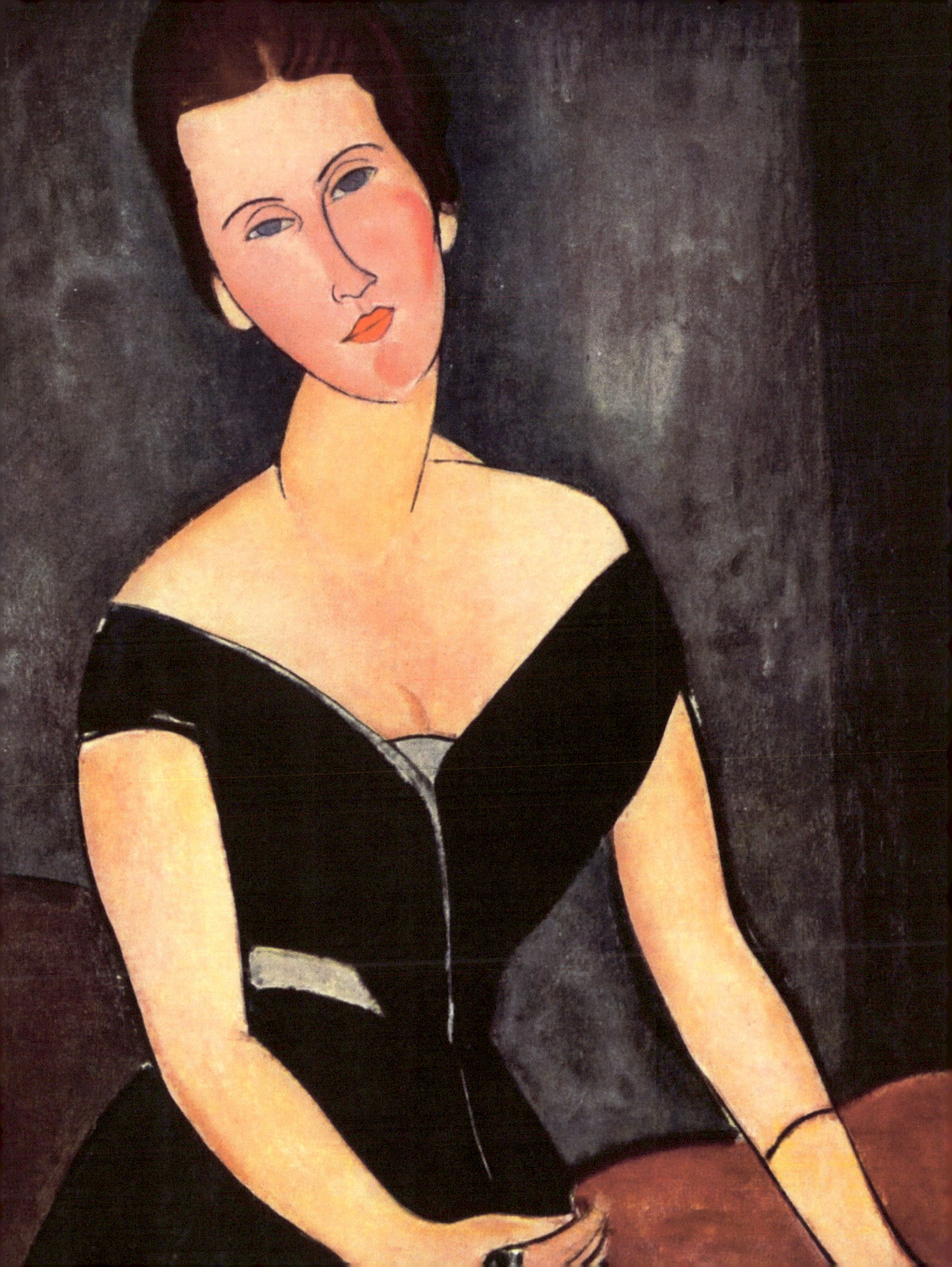

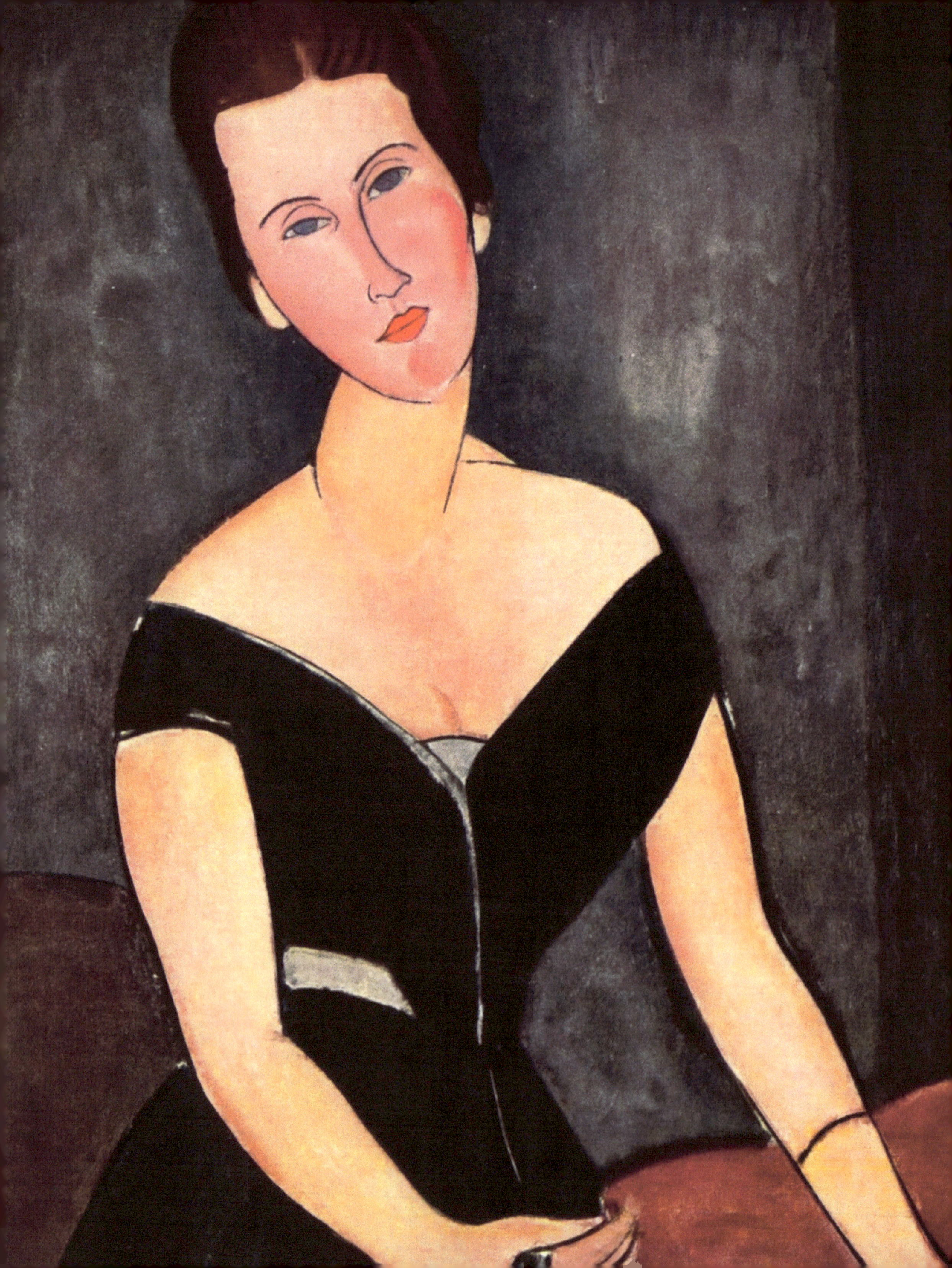

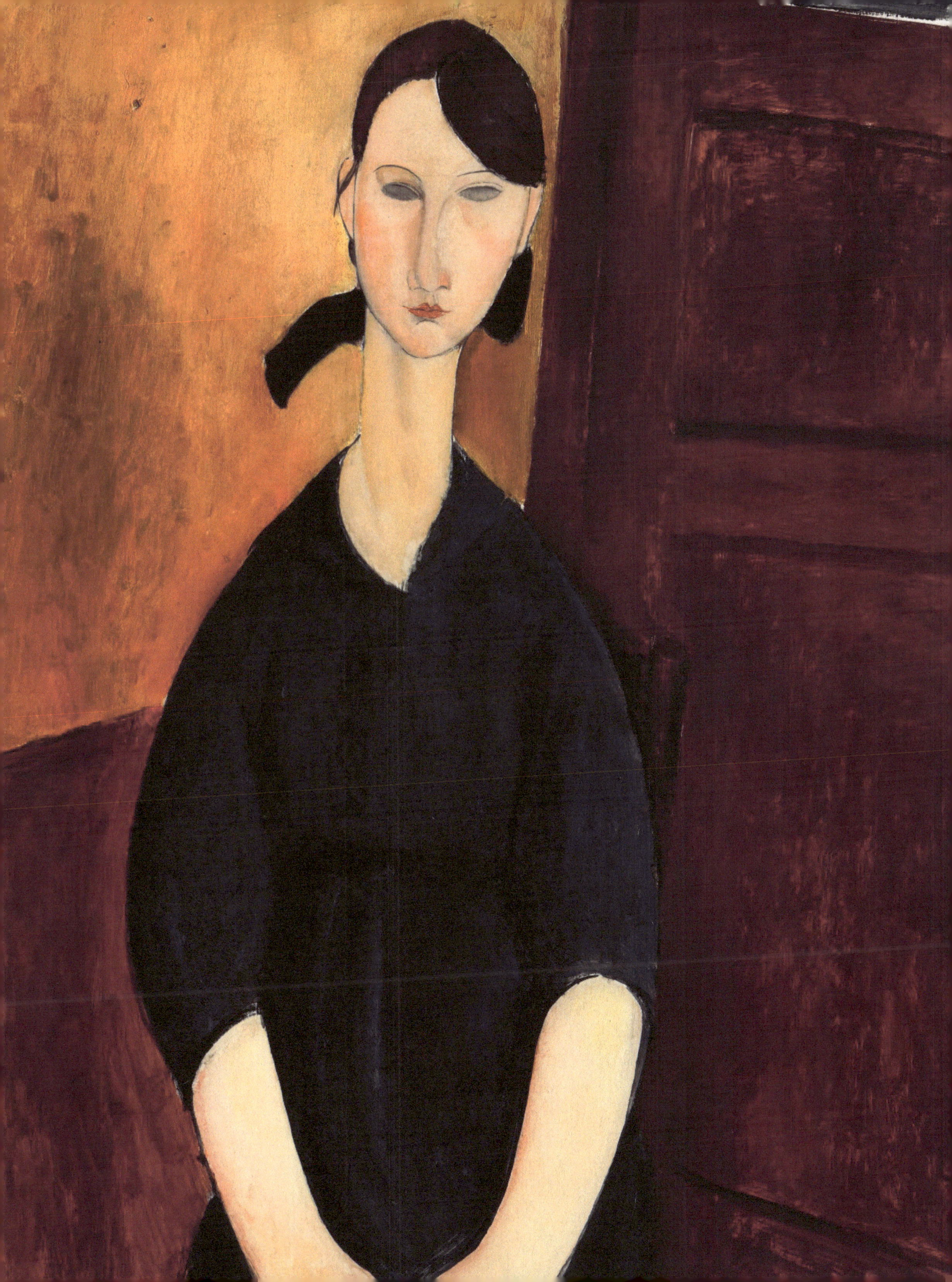

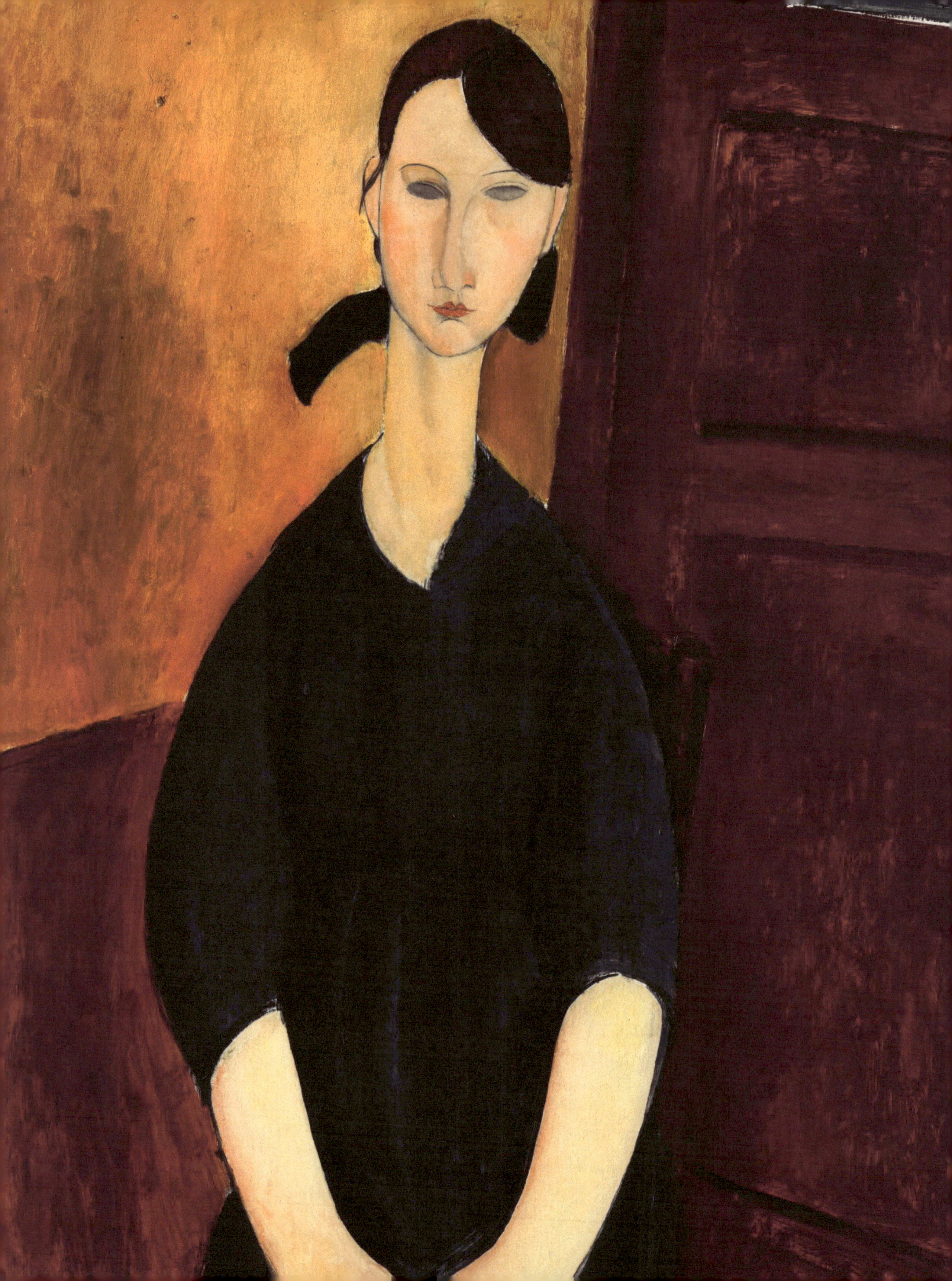

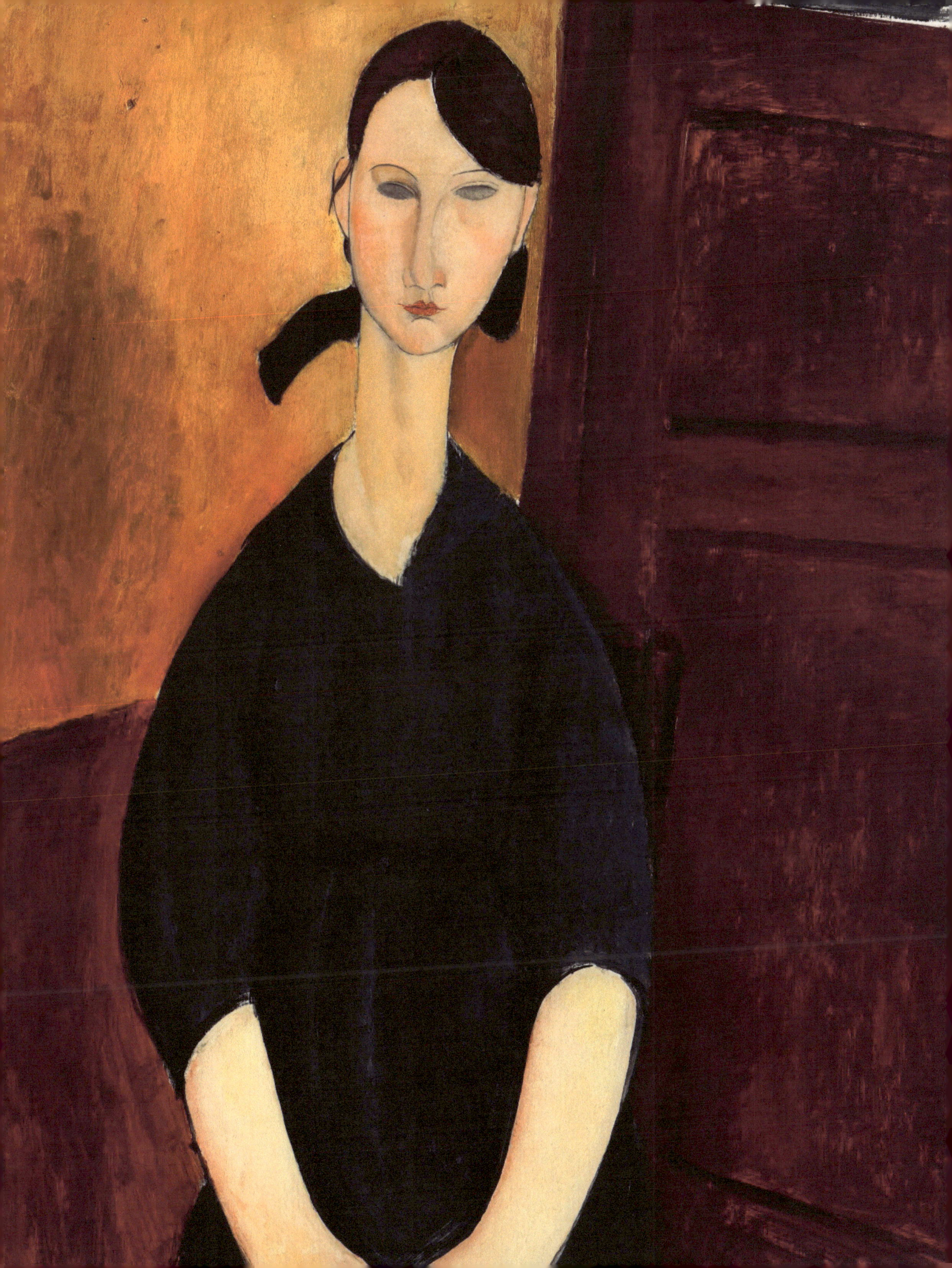

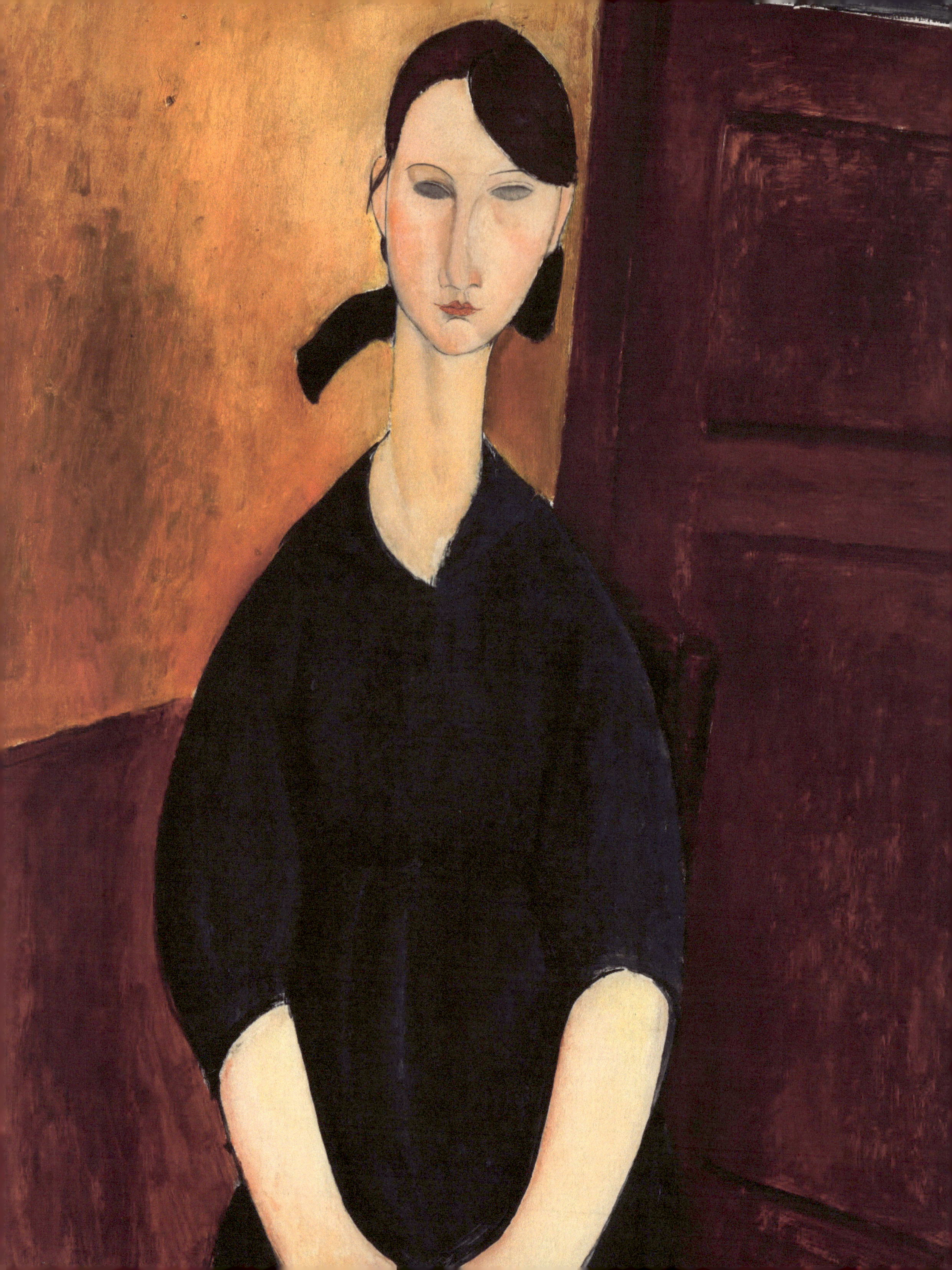

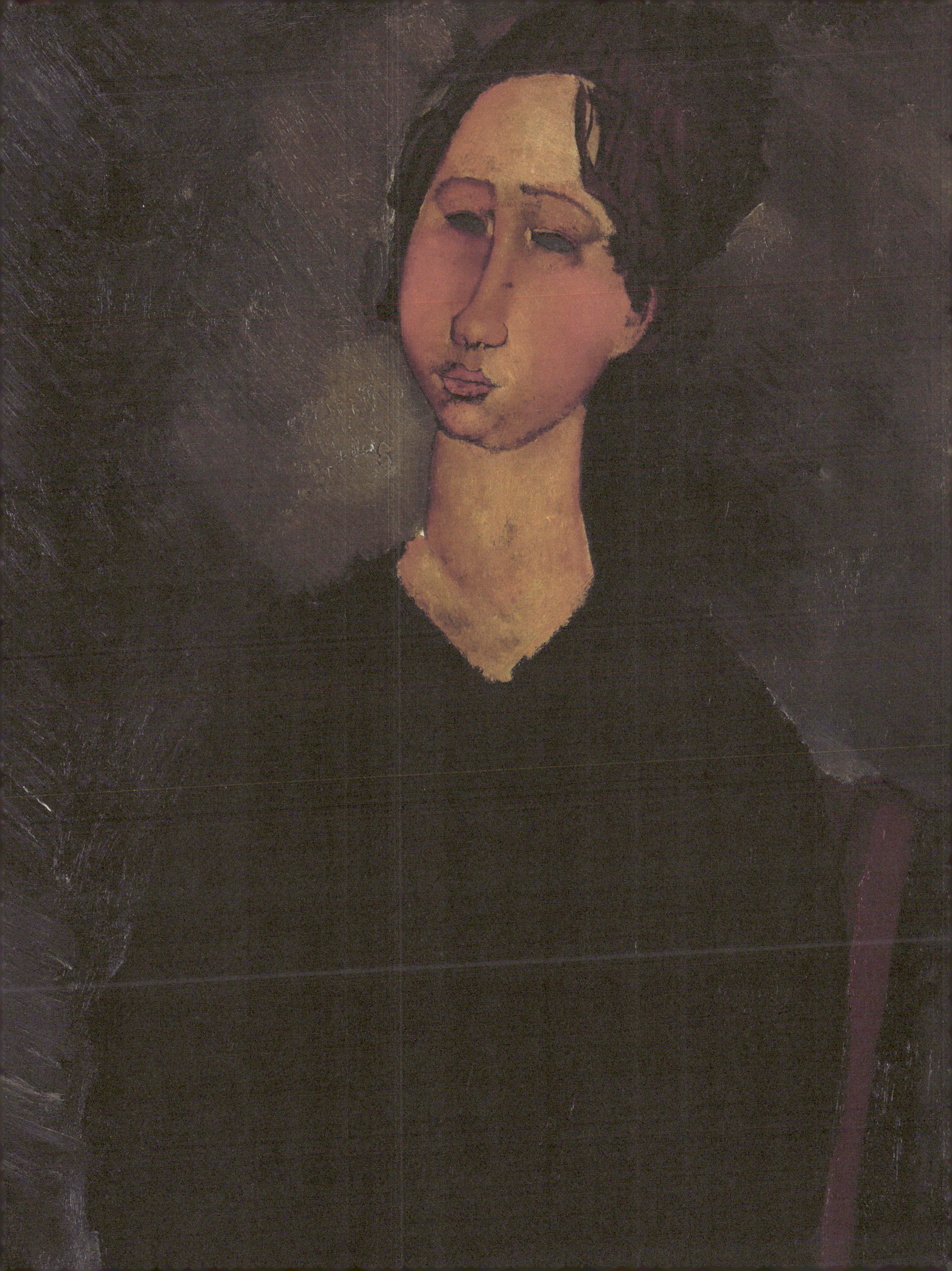

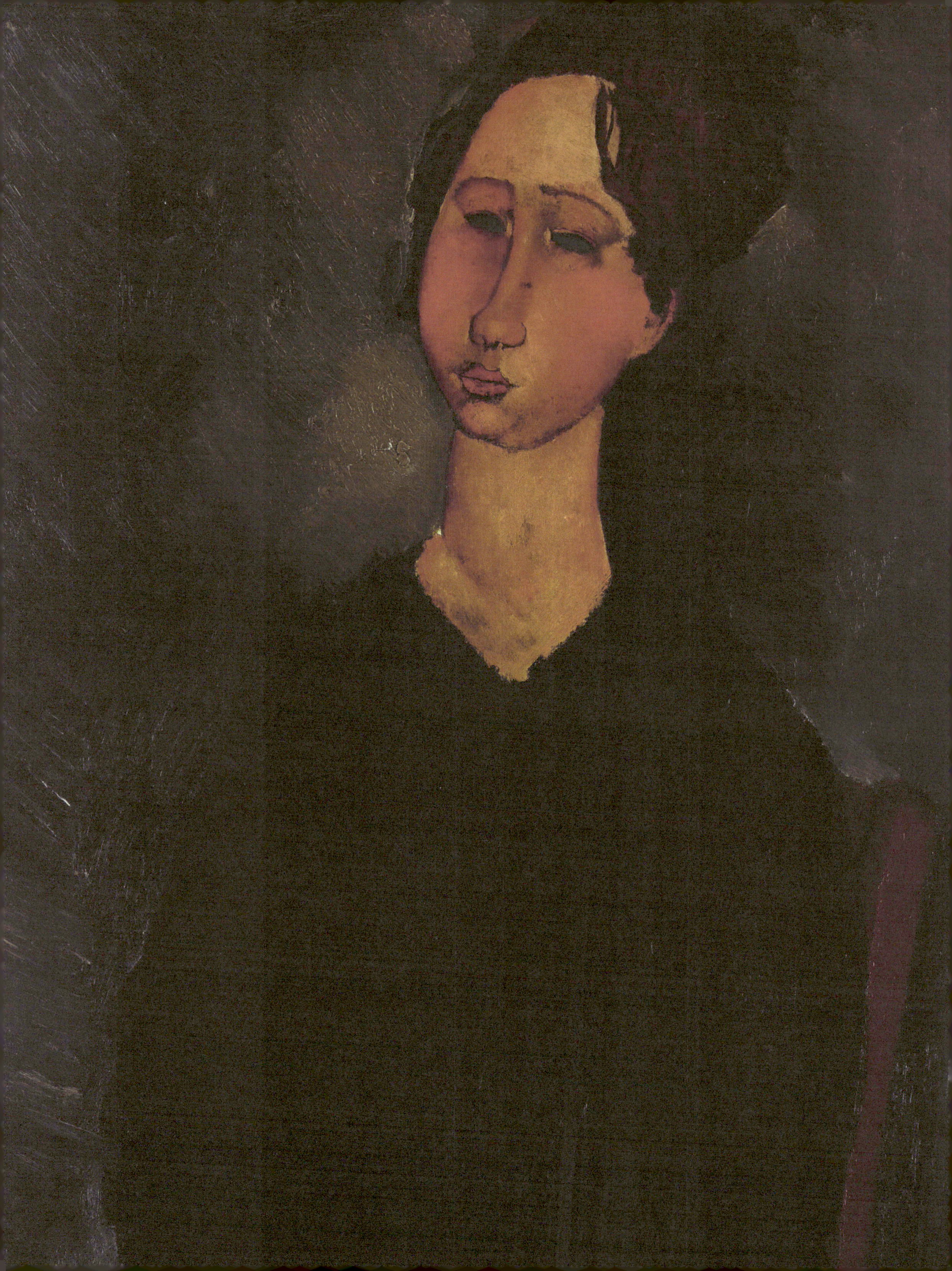

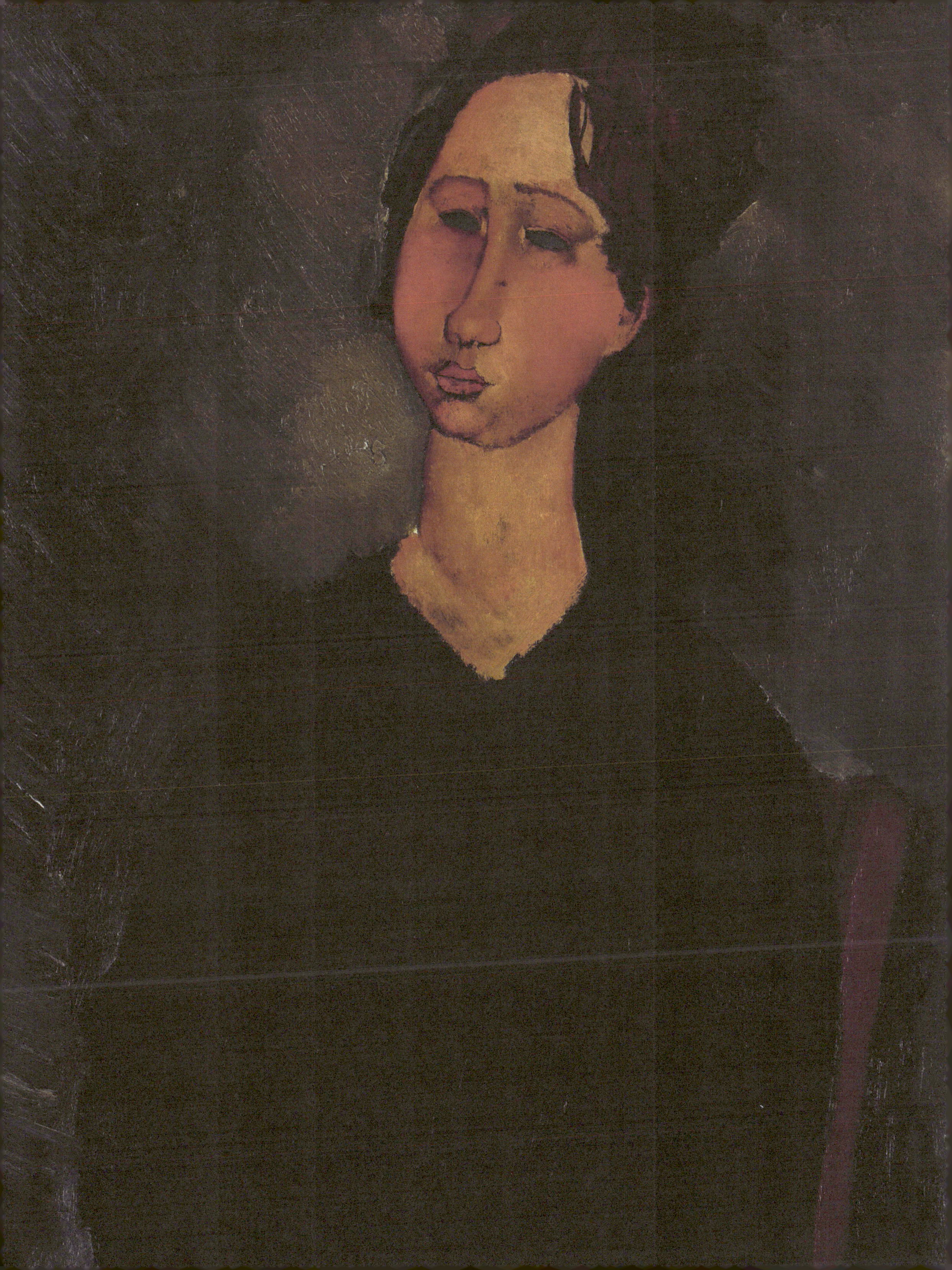

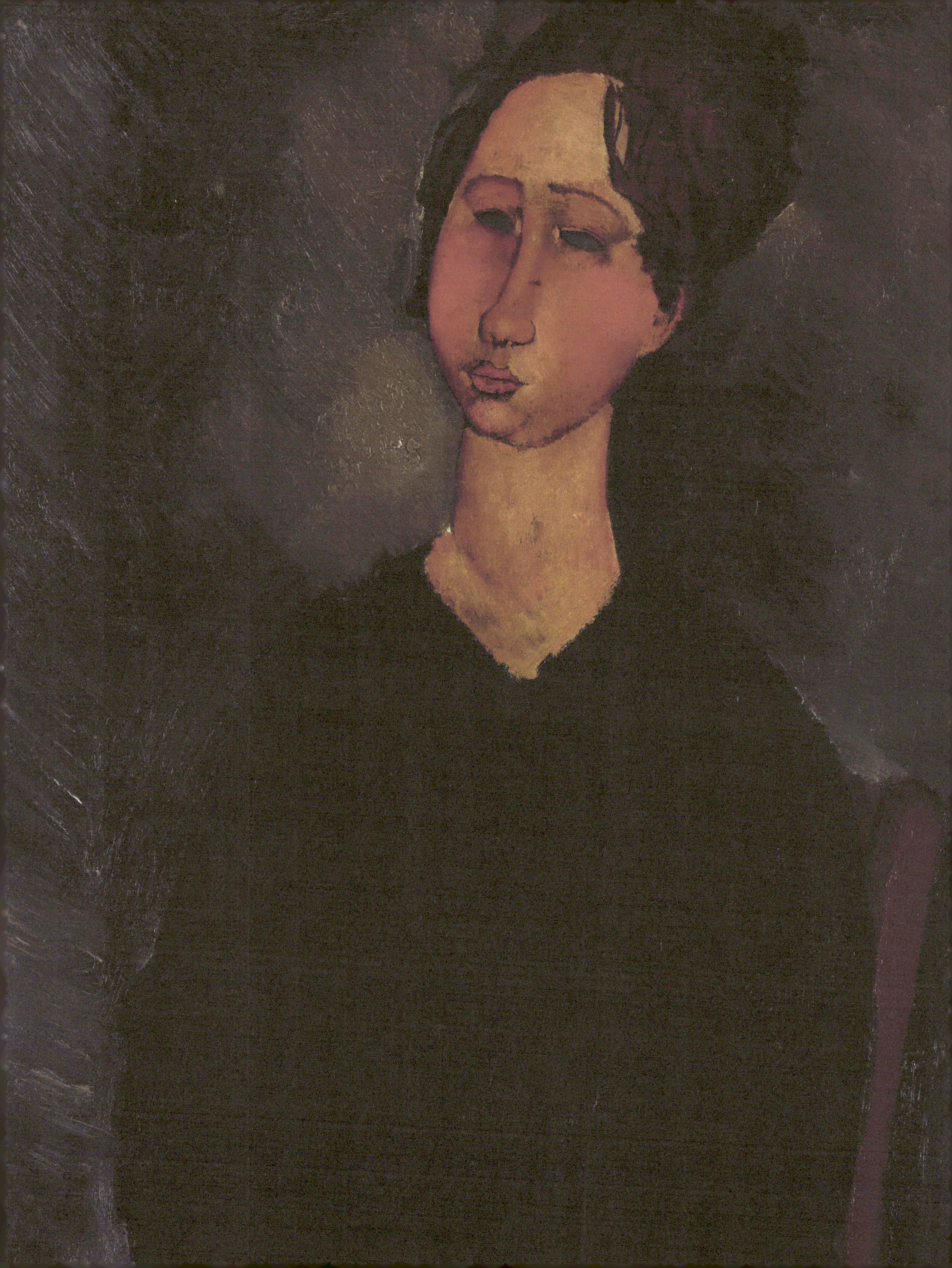

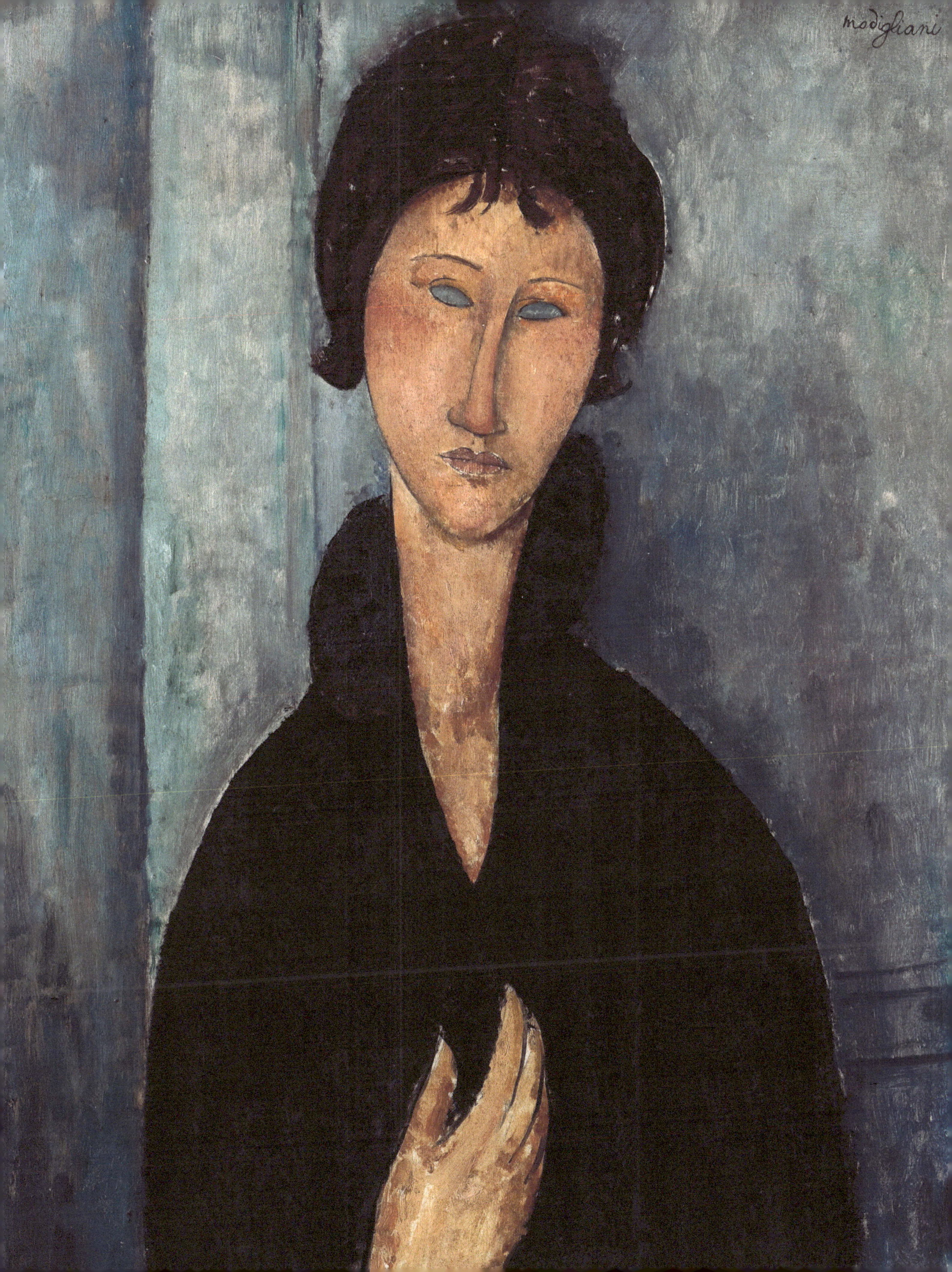

modigliani

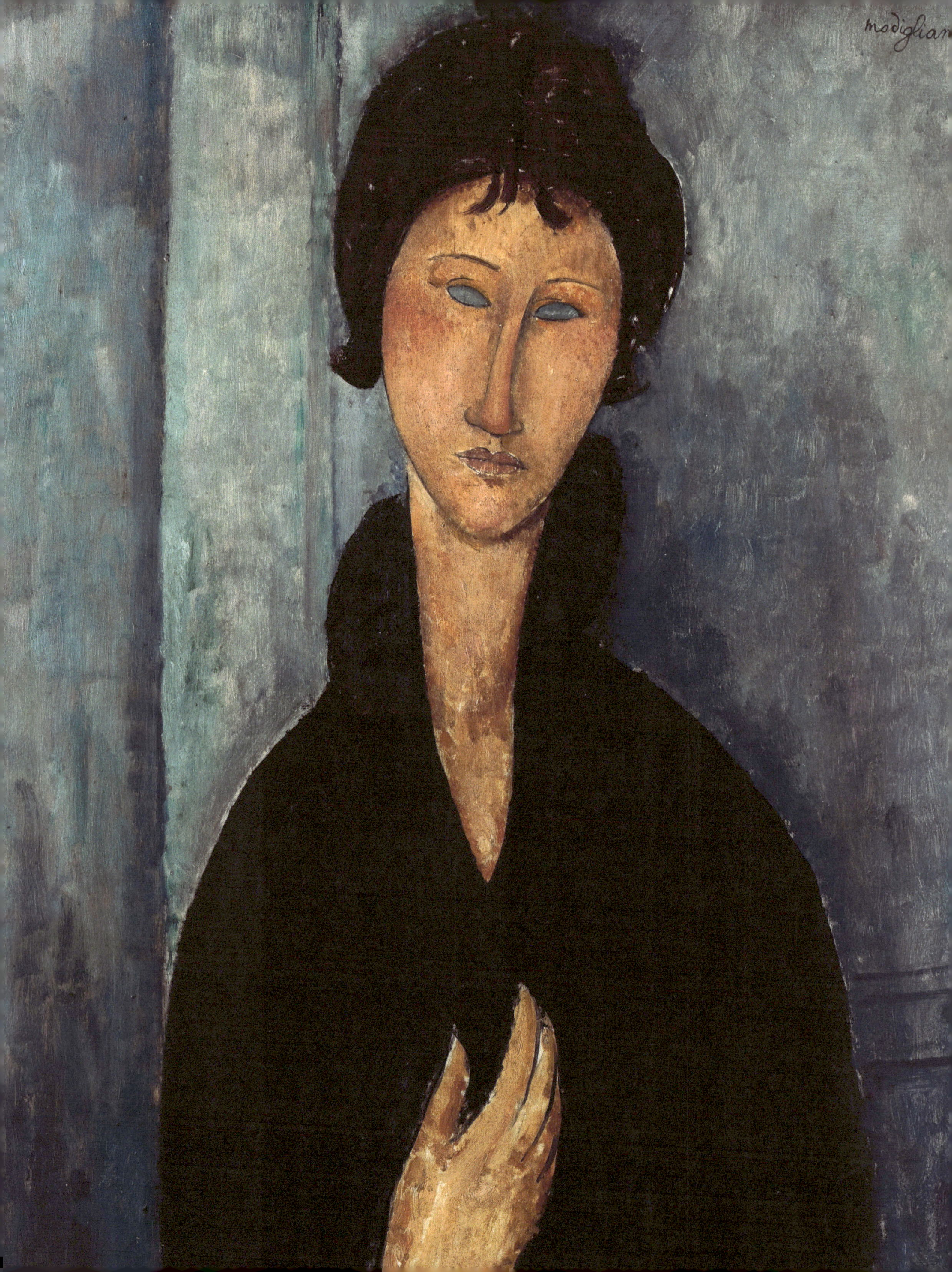
modigliani

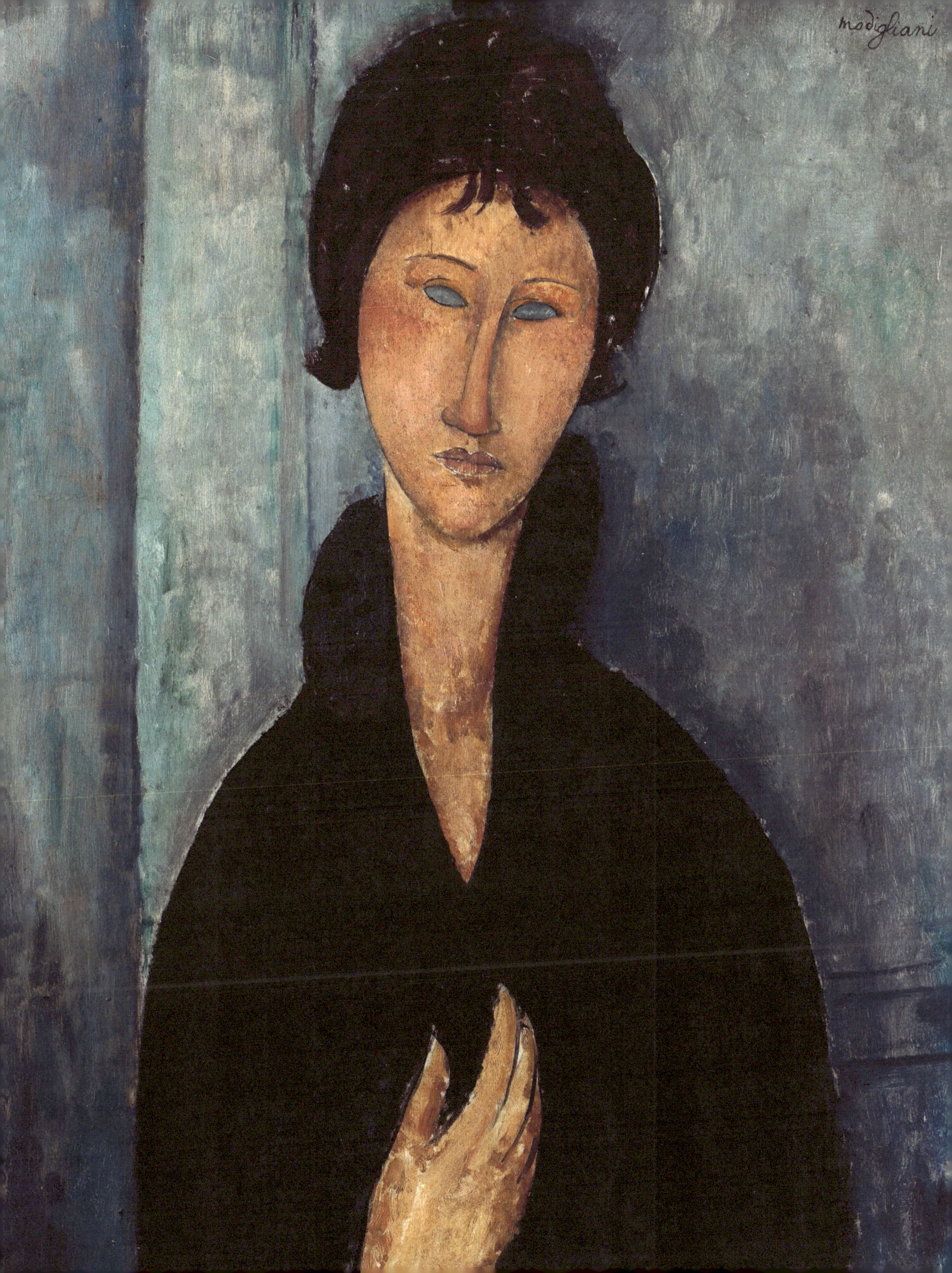
modigliani

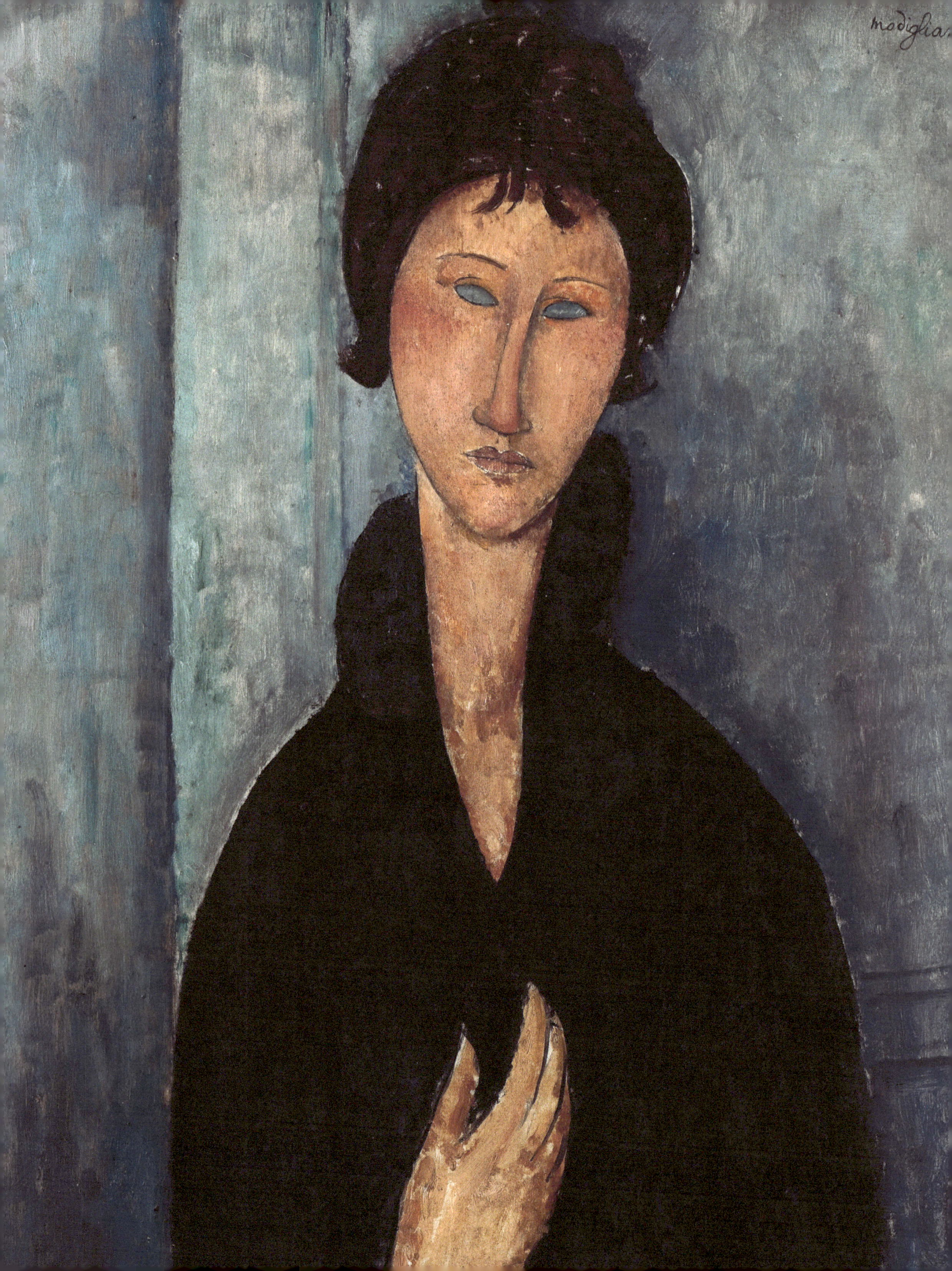
modigliani